모두 인공지능 백신 맞았는데
아무도 똑똑해지지 않았다

KB191998

KI신서 13457

모두 인공지능 백신 맞았는데
아무도 똑똑해지지 않았다

1판 1쇄 발행 2025년 3월 28일
1판 2쇄 발행 2025년 5월 1일

지은이 유영만
펴낸이 김영곤
펴낸곳 ㈜북이십일 21세기북스

인생명강팀장 윤서진
인생명강팀 박강민 유현기 황보주향 심세미 이수진 이현지
디자인 푸른나무디자인
출판마케팅팀 남정한 나은경 한경화 권채영 최유성 전연우
영업팀 한충희 장철용 강경남 황성진 김도연
제작팀 이영민 권경민

출판등록 2000년 5월 6일 제406-2003-061호
주소 (10881) 경기도 파주시 회동길 201(문발동)
대표전화 031-955-2100 **팩스** 031-955-2151 **이메일** book21@book21.co.kr

ⓒ 유영만, 2025
ISBN 979-11-7357-169-5 04300
        978-89-509-9470-9(세트)

(주)북이십일 경계를 허무는 콘텐츠 리더

21세기북스 채널에서 도서 정보와 다양한 영상자료, 이벤트를 만나세요!
페이스북 facebook.com/21cbooks   포스트 post.naver.com/21c_editors
인스타그램 instagram.com/jiinpill21   홈페이지 www.book21.com
유튜브 youtube.com/book21pub

모두
인공지능
백신 맞았는데

유영만 지음

아무도
똑똑해지지
않았다

편리한 인공지능 시대,
우리는 모두 불편한 인간지성 접종 대상자

21세기북스

머뭇거리지 않는 인공지능 앞에서
머뭇거리는 까닭은?

모두 인공지능 백신 맞았는데

아무도 똑똑해지지 않은 까닭은?

기술이 발전하면서 인공지능이 날이 갈수록 똑똑해지고 있다. 코로나19가 한창일 때 백신을 맞았듯 인간지능도 똑똑해지려면 '인공지능 백신'을 맞아야 한다고 주장하는 사람이 많다. 인공지능 백신을 맞지 않으면 인간지능에 심각한 위험이 발생할 수 있다는 경고다. 인공지능 백신은 복잡한 문제 바이러스를 퇴치하기 위한 지능적 해결책이다. 하지만 과연 인공지능 백신을 맞는다고 해서 인간지능이 똑똑해질까? 그것이 의문이다. 이제 인간은 자신의 꿈과 그 꿈을 이루기 위한 가장 효율적이고 효과적인 방법까지 인공지능에 묻는다. 인간지능으로 던지는 질문에 인공지능이 답하는 속도는 점점 빨라지고 있다. 답변의 깊이 또한 점차 깊어지는 중이다. 인간지능은 기능적 측면에서 인공지능에 비해 효용가치가 떨어지는 것은 물론, 그 존재 이유마저 위협받는 상황이다.

호기심의 물음표가 감동의 느낌표를 찾기까지는 곡선의 방황이 필요하다. 하나의 질문에 대한 답을 얻으려면 수많은 생각과 시행착오의 경험을 거쳐야 하는 까닭이다. 하지만 인공지능 기술은 그 방황의 시간을 최대한 단축해서 호기심의 물음표가 품은 곡선을 인간지능이 감탄하는 느낌표의 직선으로 바꿔준다. 인공지능이 찾아주는 답에 의존할수록 곡선의 물음표와 직선의 느낌표 사이의 거리가 줄어든다. 생각하는 사람이 아니라 생각 없는 인간지능으로 전락하는 셈이다. '편리한' 인공지능에 기댈수록 퇴화하는 인간지능의 한계를 극복하기 위해서 우리는 모두 '불편한' 인간지성 접종 대상자가 되어야 한다.

뒤를 돌아보지 않는 인공지능 앞에서 되돌아보는 인간지성에 거는 마지막 희망 찬가

의미는 머뭇거리고 멈춰서서 생각할 때 비로소 잉태된다. 끊임없이 흐르는 정보 더미 속에서 뭔가를 끝맺기란 쉽지 않다. 가던 길을 멈춰 방향을 점검하고, 스쳐 가는 의미를 붙잡아 새로운 가능성과 접목을 시도해야 그 자리에 무언가가 맺힌다. 우여곡절을 품은 삶의 매듭들이 생기는 것이다.

디지털과 인공지능이 만들어내는 데이터 홍수가 예고도 없이 일상을 집어삼키고 있다. 우리는 그 안에서 무엇이 떠내려갔는지, 어디로 휩쓸려 가고 있는지조차 모른 채 더 많은 정보의 신세계를 향해 손가락을 놀린다. 끊임없이 이동하며 어딘가에 들르지만, 거기에 머무르는 동안에도 고요와 침묵 속에 있을 뿐, 자기 자신과는 대화하지 않는다. 대화 상대는 언제나 접속된 정보가 주는 자극이다. 자극이 강렬할수록 무의식적 반응도 빈번하게 일어난다. 그 와중에도 혼미한 정신을 주워 담으며 다른 사이트로 이동하려는 것이 우리의 본능이다. 그 본능은 이미 기능적 수준을 능가한 상태다. 시키지 않아도 아침에 일어나면 곧바로 스마트폰을 켜고 관성이 이끄는 곳으로 가서 접속을 시작한다. 접속이 잦아질수록 접하는 정보도 늘어나지만, 이질적 정보와의 창조적 접목을 통한 새로운 지식의 창조로는 연결되지 않는다.

수평적 넓이에 무너진 수직적 깊이의 안타까움

그토록 많은 정보를 접하고 궁금한 것을 물으면서도 현대인들은 챗GPT를 비롯한 생성형 인공지능의 반응을 깊이 있게 성찰하지 않는다. 오히려 또 다른 정보를 찾아 그것이 전해주는 찰나적 의미의 홍수에 떠내려가며 출근하고 퇴근한다. 순간에 머물다 바로 사라지는 정보의 뒤안길에서 길을 잃고 방황하는 우리에게 또 다른 정보는 노골적으로 몸을 드러낸 채 유혹을 던진다. 지금 당장 클릭해서 자신을 맛보라고.

AI가 순식간에 내놓는 답변 역시 인간의 고뇌와 머뭇거림 속에서 잉태된 의미와는 그 밀도가 다르다. 정보와 정보가 부단한 접속사로 연결되어 끝맺음 없이 무차별적으로 다가올 뿐이다. 우리는 그런 정보를 단속적으로 체험하면서 더 자극적인 정보를 찾아 디지털 삼만리를 달리며 사색思索은 하지 않고 사색死色이 된다. 일정한 물리적 장소place에 거주하지 못하고 사이버 공간space에서 다른 공간으로 끊임없이 이주하는 사람들은 신체적 접촉감을 잃은 지 오래다. 구체적인 터전에 몸을 두고 직접 경험하며 얻는 깨달음이 쌓여야만 삶에도 고뇌의 깊이가 스며든다. 그런 과정을 통해 자기만의 서사를 창작할 수 있는 기반이 만들어지는 것이다.

『심리정치』를 쓴 재독 철학자 한병철에 따르면 본래 '지능'은 '사이에서 고르기inter-legere'를 의미한다고 한다.* 지능은 언제나 시스템 내에 저장된 수많은 데이터와 데이터 사이에서 가능한 무한한 선택지를 두고 고를 수 있을 뿐이다. 시스템 내재적 논리를 따라 다양한 경우의 수를 동원하여 저마다의 방식으로 새로운 가능성을 모색하는 것이다. 시스템 내부에서 누릴 수 있는 최대한의 자유를 즐기지만, 지능에게 스스로 외부를 향하는 자유는 허락되지 않는다. 결국 인공지능도 인간이 외부적 자원이나 재료를 새롭게 입력해주지 않는 이상 완전히 다른 발상은 불가능하다. 시스템 내부에 있는 기존의 자원을 활용할 뿐, 시시각각 부각되는 새로운 자원과의 창발적 상호작용으로 무언가를 만들어내지는 못한다.

지능은 수평적 확산을 통해 인식의 면적을 넓히려 하지만, 지성은 수직적 심화를 통해 인식의 깊이를 더하려 한다. 전혀 엉뚱한 생각은 수평적 확산보다 수직

---

* 한병철, 『심리정치』, 김태환 옮김, 문학과지성사, 2015.

적 깊이에서 나온다. 지성은 지능과 달리 '사이에서 고르기'를 멈추고, 그곳을 탈출하여 전혀 다른 차이를 생성하는 이단의 선택지를 향해 몸을 던진다. 이처럼 시스템 내재적 자유의 한계를 뛰어넘어 낯선 외부와 접속해서 차원이 다른 생각을 잉태해야 한다. 그렇게 할 때, 참을 수 없는 수평적 확산을 막고 견디기 어려운 수직적 심화를 통해 깊게 뿌리박은 사유체계를 구축할 수 있다.

냄새만 풍기는 노골적인 정보, 향기를 퍼뜨리는 암시적 이야기

인공지능을 통해 답을 찾아가는 사람이나 사람이 원하는 답을 찾는 인공지능이나 조급하고 부산하며 불안하기는 마찬가지다. 사람도 정보도 여기서 저기로 건너뛰거나 그 길을 대충 훑고 지나가며, 뭔가에 홀린 듯 또는 정신없이 쫓기듯 안절부절못한다. 머뭇거릴 여유가 없으니 그 의미를 생각할 수 없고, 유유자적하며 생각의 흔적을 남길 수도 없다. 정보에서 의미를 찾아야 의미가 생기고, 정보는 의미가 생겨야 더욱 의미심장해진다. 그 의미의 중력이 무거울수록 우리는 그것을 깊이 파고들어 수평적으로 떠돌아다니는 정보 더

미에서 벗어나 수직적 깊이를 추구하며 우뚝 솟아오를 수 있다.

빠르게 훑고 지나가는 삶, 뭐든지 맛만 보고 건너뛰는 즉흥적인 삶에는 고요와 고독을 붙잡고 고뇌하는 인간도, 그럴 시간과 공간도 없다. 무엇이든 짧게 스쳐 지나가며 질주하는 단속적인 삶이기에 시간이 지날수록 질색窒塞만 부른다. 어제의 경험적 깨달음이 오늘의 경험으로 연결되는 지속성은 끼어들 틈조차 찾지 못한다. 온갖 정보가 풍기는 '냄새'만이 진동할 뿐 은은하면서도 은근하게 스며드는 '향기'는 없다.

답을 찾는 사람도, 답을 찾아주는 인공지능도 즉각적인 섬광처럼 신속하게 대응하지만, 예기치 못한 상황에서 즉흥적인 임기응변력으로 순간적인 기지를 발휘할 수는 없다. 사색이나 사유는 즉각적인 섬광에서 나오지 않는다. 머뭇거리며 뒤척이다 발생하는 진한 여운에서 감도는 것이다.

베일에 싸인 부분에 대한 호기심을 가지고 지적 모험을 전개할 때 우리는 진정한 배움을 얻는다. 깨달음의 변주는 거기에서 시작된다. 경이로운 광경을 맞닥뜨리고 그 신비한 아름다움에 넋을 잃은 적이 있는가? 그런 아름다움은 언제나 우리와 거리를 유지한 채 쉽게 정체를 드러내지 않는다. 하지만 디지털과 인공지능이 제공하는 정보의 바다는 훤히 들여다볼 수 있을 만큼 투명한 데다가 볼거리가 지나치게 많아서 거리가 유지되지 않는다. 베일 속—보이지 않는 부분, 아직 모르는 것들, 불확실한 영역, 미지의 세계—에 이르면 새로운 깨달음의 향연이 펼쳐질 것이라는 암시적인 서사는 사라지고 있다.

편리한 정답의 텃밭에서 정해진 로드맵에 따라 길러지는 가축처럼 인간지능은 준비된 디지털 사료를 무의식적으로 섭취하며 인공지능이 원하는 대로 양육당하고 있다. 이제는 정답을 즉시 다 보여주지 않으면 불편하고 불안하다. 기다리고 머물러 숙성시킬 시간은 없다. 다음 목적지로 빠르게 이동해야 하기 때문이다.

사유는 머뭇거리며 더디 돌아가는 우회 축적에서 생기는 기적

여러분은 '주택house'에서 '사료feed'를 먹는가, '집home'에서 '식사food'를 하는가? 오늘날 주택은 영육이 공감되는 거주의 장소place가 아니라 그저 잠시 머무르다 떠나는 공간space에 지나지 않는다. 공간에서 또 다른 공간으로 이주를 거듭하는 '주택의 나'는 단순한 입주자가 되어 버렸다. 내가 주택을 소유하는 게 아니라 주택이 나를 소유하는 역전 현상이 일어난 까닭이다. 하지만 공간이 아닌 장소에 사는 사람, 즉 영육을 충전하는 집에서 살아가는 거주자는 집을 소유할 뿐 아니라 향유하는 단계에 이른다.

입주자는 몸과 마음의 건강에 도움이 되는 식사를 하지 못한다. 그저 끼니를 때우기 위해 억지로 음식을 입에 집어넣는 식으로 동물적 사료를 먹고 있다. 음식만 그런 것이 아니다. 매일 접속을 통해 연결되는 정보도 일종의 디지털화된 고기다. 평온하고 고요한 분위기에서 사랑하는 사람과 함께 이야기를 나누며 음식을 나눠 먹을 때, 시간은 멈춰서서 공간에 거주한다. 바로 이때, 의미는 흘러가지 않고 한 장소에 머물며 공감과 공명을 일으키는 서사가 탄생한다. 그 서사 속에는 같은 시공간을 나누었던 사람들의 집단적 의식이 녹아들어 있고, 한 시대를 살아가는 우리들의 공통된 의식이 스며들어 있다. 이야기가 우리에게 감동을 주고 공감을 불러일으키는 이유다.

진정한 사유는 곡선의 물음표를 먹고 산다. 개미는 무한궤도의 곡선상에서 방황을 거듭하다가 먹이를 발견하는 순간 직선의 느낌표를 품고 빠르게 달려간다.

곡선의 길이가 길수록 직선이 품는 감동의 강도가 높아진다. 하지만 현대인은 곡선의 사유 속에 머무르며 어제와 다른 사유를 잉태하지 못한다. 한병철은 『리추얼의 종말』에서 "에로스가 없으면, 사유의 걸음은 계산의 걸음으로, 바꿔 말해 노동의 걸음으로 전락한다. 계산은 벌거벗었다. 계산은 포르노적이다"라고 말한다.* 직선으로 날아오는 노골적인 정보는 바로 계산을 시작한다. 의미의 껍질이 다 벗겨져 더 이상 사유할 만한 거리가 없기에 가까이에서 충동적 자극만 제공할 뿐이다. 하지만 서사는 에로틱하고 암시적이다. 의미가 두꺼운 껍질 안에 싸여 있어서 그것이 탄생할 수밖에 없었던 맥락을 생각하지 않으면 무슨 이야기가 담겨 있는지 알 길이 없다. 그래서 서사는 걸어가는 발길을 멈춰 사유하는 기반이 된다. 사유는 머뭇거리며 더디 돌아가는 우회 축적에서 생기는 기적이다. 질문과 대답이 이어지는 최단 거리로 이어지는 직선주로에서는 지능이 오로지 이해타산을 따지며 잔머리를 쓸 뿐, 깊은 사색의 여정으로 빠지지 않는다.

　　　* 한병철, 『리추얼의 종말』, 전대호 옮김, 김영사, 2021, 108쪽.

소유할수록 소진당하는 정보,
소유할수록 향유할 수 있는 이야기

"정보는 그것이 새로웠던 순간이 지나면 그 가치가 소진된다. 정보는 그 순간에만 살아 있고 그 순간에 자신의 전체를 내맡겨야 하며 한시도 잃어버리지 않고 자신을 설명하지 않으면 안 된다. 그러나 이야기의 경우는 다르다. 이야기는 소진되지 않는다. 이야기는 자신의 힘을 모아서 간직하고 있으며 오랜 시간이 지난 뒤에도 다시 펼쳐질 수 있는 능력을 갖고 있다."* 소멸되는 정보를 보면서 현대인들은 소진되면서 고요를 잃었다. 어딘가에 끊임없이 접속되어 있어도 항상 고독하다. 그럴수록 사람들은 더 외로움을 느낀다. 외로운 사람이 먹는 음식은 데이터 고기다. 디지털 감옥에서 매일 먹는 데이터 고기에 사육당하는 디지털 원주민은 지금 살아가는 삶의 터전에 거주하지 못한 채 끊임없이 다른 공간으로 이주한다. 거주하면 지루하고, 이주하면 순간은 자유롭다. 하지만 순간의 자유에 도취할수록 다른 사람의 정보가 품은 유속의 손길에 속박당

프롤로그 마주거리지 않는 인공지능 앞에서 마주거리는 까닭은?

---

* 발터 벤야민, 『서사·기억·비평의 자리』, 최성만 옮김, 도서출판 길, 2012, 428쪽.

한다. 정보는 소유할수록 소진당하지만, 이야기나 서사는 소유할수록 삶에 진한 잔향이 남으며 우리가 이전과 다른 방향으로 정진할 수 있게 해준다.

인공지능은 왜 머뭇거리지 않고 즉시 답을 양산하는 것일까? 곧바로 답을 주지 않으면 질문자는 기다리거나 참지 못하고 다른 질문을 던지기 때문이다. 사실 하나의 물음에 답을 찾기 위해서는 인간적 고뇌가 뒤따라야 한다. 그 답에 담기는 의미와 의도가 무엇인지 생각하며 망설이는 가운데 더 좋은 답을 찾아보려는 노력이 필요한 것이다. 질문이란 질문자 한 사람의 정답을 찾아달라는 요구가 아니다. 그 질문이 품고 있는 시대적·역사적 문제의식을 함께 묻는 탐문이자, 이제껏 열어보지 못한 창문을 같이 찾아보자는 요청이다.

마음대로 할 수 없는 일이 많아질 때 탄생하는 경이로운 사유

인간은 마음대로 할 수 없는 일이 생길 때마다 이전과 다르게 생각하기 시작한다. 하지만 인공지능 시대와 더불어 기술이 발전할수록 마음대로 할 수 있는 일이 많아지면서 마음대로 할 수 없는 일이 생기면 좌절하거나 절망하게 되었다. 회복할 기미도, 능력도 사라지고 있다. 몸도 마음처럼 되지 않고 제멋대로 움직인다. 너무 오랫동안 신체를 단련하지 않아서 인간의 정체성마저 흐려지기 시작했다. 인공지능이 내놓는 답의 신속성과 경이로움에 감탄한 나머지, 직접 몸을 움직여 경험하는 일 가운데 마음대로 되지 않는 것이 있어도 다른 탈출구를 찾으려고 안간힘을 쓰지 않는다. 이제 우리의 신체는 특정한 맥락을 기반으로 사유하지 못한다. 탈맥락성과 탈신체성으로 향하는 고속열차를 탄 기분이다. 느리게 반추하고 때로는 주저하는 더딤, 더듬거리는 부족함이나 미완성의 미덕에서 피어나는 꽃은 진한 향기를 머금어 그 잔향이 오랫동안 멀리 퍼진다. 거친 사유는 기다림의 시간 속에서 단련이 되며, 부단한 담금질을 통해 의연해진다. 마음대로 할 수 없는 상황에도 맞서는 용기가 발현되는 것이다.

무엇이든 내 마음대로 할 수 있으며, 원하는 정답은 언제든지 구할 수 있다고 생각하기 시작하면 사람들은 원하는 것을 빠르게 질문으로 만들어 인공지능에게 물어볼 것이다. 그럴수록 사유를 멀리하고 더 많은 정보를 찾아 더 빨리 다른 공간으로 움직이면서 스스로를 흥분의 도가니로 밀어 넣는 정보와의 접속을 즐기리라. 손가락 접촉으로 찾아오는 '촉각'의 광란에 취해 눈앞에서 펼쳐지는 정답의 신세계에 빠져드는 사이, 신체가 무언가에 맞닿으며 느끼는 '촉감'은 상실되고 만다. 자기만의 고유한 시각을 잃어버리는 것은 물론, 시야 자체가 한없이 좁아진다. 일정한 틀에 갇혀 다르게 생각하는 일 자체가 불가능해지는 것이다. 몸으로 느끼는 다양한 감각이 아닌 손가락 하나로 느끼는 촉각에 의존해서 거리감 없이 무한대로 급습하는 정보에 휘말리게 되면 무엇이든 거리를 두고 그 경이로움을 만끽하는 즐거움, 내 마음대로 할 수 없는 세상만사의 위대함에 감탄할 여유마저 없어진다.

지혜는 인내와 기다림을 먹고 자라는 늦둥이

"미는 망설이는 자이며 늦둥이다. 미는 순간적인 광휘가 아니라 나중에야 나타나는 고유한 빛이다."* 강렬한 자극으로 다가오는 경이로운 아름다움 앞에서 내가 할 수 있는 유일한 일은 그 미를 천천히 음미하며 스며드는 감동을 온몸으로 느끼는 것이다. 미는 즉각

---

* 한병철, 『아름다움의 구원』, 이재영 옮김, 문학과지성사, 2016, 110쪽.

적인 자극과 흥분을 동반하는 느닷없는 침입으로 생기지 않는다. 노골적으로 드러나는 것이 아니라 은폐된 위장막 사이로 언뜻 드러나는 신비한 느낌으로 결정된다. 쏜살같이 날아가 과녁에 꽂힌 화살에서 발견할 수 있는 진정한 미는 과녁을 향해 매진하는 화살들의 분투, 그 노력과 과정에서 보이는 치열함이다. 갑자기 이런 의문이 생긴다. 생성형 인공지능은 정말 세상에 없는 새로운 인식을 무한 생성하고 있는 것일까? 손가락 끝의 자유로운 유영遊泳에도 불구하고 그것이 검색해서 찾아내는 정보에 휩쓸리는 디지털 원주민은 왜 자유롭게 정보의 바다를 헤엄치지 못하는 것일까? 진정한 사유는 사건이 만드는 사연의 산물이어야 하는데, 사건이 없어지니 저마다의 고유한 사연도 사라지며 정보에 종속당하고 만다. 정보가 디지털화될수록 물리적으로 흐르는 크로노스의 시간과 함께 일정한 공간 안에 거주하지 않고, 서로가 서로를 바라보며 긴밀한 상호작용을 하지도 못한 채 자신도 모르는 어딘가로 떠내려간다.

컴퓨터는 인간의 상상을 초월하는 속도로 계산을 한다. 복잡한 문제가 있어도 인간으로서는 감당할 수 없는 수준의 정답을 찾아낸다. 계산과 연산, 추론과 요약 능력은 이미 인간지능을 초월하고 있다. 인공지능을 능가하는 인간지성은 황급히 어디론가 이동하는 속도와 지능적인 계산 속에서 싹트지 않는다. 지혜는 생각대로 풀리지 않는 문제를 끈질기게 물고 늘어지며 어제와 다른 시행착오를 반복하면서 판단 착오를 줄이려는 노력, 인내와 기다림을 먹고 자란다. 지금 여기의 논리적 흐름에서 벗어나 낯선 생각의 흐름이나 배치를 겪어보면서 생기는 마주침이야말로 그윽한 향기를 품은 깨우침으로 거듭난다. 당장 그 의미를 알 수는 없겠지만, 이전과는 다른 시도와 탐색으로 그것을 밝혀낼 수 있을 거라는 희망을 가져야 한다. 이미 드러난 것들을 헤아리고 주변 맥락을 함께 살펴보며 가끔은 뒷걸음질도 치다 보면 어제와는 다른 시야를 확보할 수 있다. 그렇게 시선이 달라지고 시각이 바뀌면서 예상하지 못했던 생각의 지도가 탄생하기도 한다.

지혜로 지휘하는 인간지성은 지식으로 지시하는 인공지능을 능가한다. 촉급함보다 느긋함, 조급함보다 여유로움, 신속한 이동과 질주보다 수줍은 머뭇거림과 멈춤, 직선주로에서 달리는 속도보다 곡선적 우회로에서 생기는 밀도감과 뒤늦은 뒷걸음질, 노골적인 드러나는 겉면보다 암시적 신비와 베일에 싸인 사연 속에서 지능을 뛰어넘는 지성, 지식을 뛰어넘는 지혜가 태어난다. 그 향기는 우리들의 앞날을 밝게 비추는 서광으로 다가올 것이다.

고난이 깊어질수록 개발되는 고난이도 예술

인공지능의 놀라운 능력에 굴복당한 나머지 그 저변을 움직이는 논리적 계산과 연산기능만도 못한 인간 지능으로 전락하기 전에 우리는 구조적 통찰력을 길러야 한다. 구조적 통찰력이란 주어진 대상이나 현상의 이면을 꿰뚫어 보며 관계없는 것을 관계있는 것으로 밝혀내는 능력이다. 인공지능이 배달해주는 자료나 정보 꾸러미를 받아먹기만 하다가는 알고리듬만도 못한 논리 기계가 될지도 모른다. 친구가 결혼하거나 뜻밖의 죽음을 맞는 희로애락의 순간에도 인공지능에게 축하 편지나 애도사를 써달라고 부탁하고, 순식간에 나오는 글에 감탄을 넘어 경탄하는 데 익숙해질수록 인간적인 감정의 깊이와 넓이를 헤아리는 인문학적 사유는 척박해질 것이다. 결국 인공지능 없이는 어떤 글도 쓰지 못하는 지경에 이를 수 있다. 쉽고 빠른 방법으로 목적지에 도달하는 길 위에서는 사유가 작동하지 않고 논리적 오류나 함정에서 벗어나는 계산과 연산만 작용한다. 지성이 싹틀 수 없는 땅이다.

인공지능이 에베레스트산에 오르는 가장 쉽고 빠른 방법을 알려준다고 해도 시시각각 바뀌는 날씨와 기상 조건, 산세, 그리고 등반가들의 심신 상태에 따라 등반 지도는 언제나 달라진다. 쉽고 빠른 길이나 매뉴얼이 있음에도 불구하고 굳이 어렵고 험난한 길을 스스로 선택하는 고행을 더글러스 호프스태터는 '언어의 에베레스트'라고 비유한다.* 헬리콥터를 타고 쉽게 에베레스트 정상에 오른 사람과 위험을 무릅쓰고 악전고투 끝에 등반에 성공한 사람은 신체적 각성의 강도가 완전히 다르다. 그 경험적 깨달음의 차이는 말로 설명할 수 없을 정도다. 인공지능이 아무리 좋은 등반 처방전을 주어도 결국 인간적 노력과 경험을 자기만의 언어로 벼리고 벼려서 '언어의 에베레스트'에 오르는 고통이 따르지 않으면 우리는 타성에 젖은 언어로 천박한 사유체계를 증축하는 일을 반복할 것이다. 일례로 인공지능이 아무리 좋은 번역안을 내놓는다고 해도 우리에게는 부족할 수 있다. 어떤 단어를 어떤

---

* 더글러스 호프스태터, 『괴델, 에셔, 바흐: 영원한 황금 노끈』(개역판), 박여성·안병서 옮김, 까치, 2017.

맥락에서 써야 독자는 물론 문맥에 등장하는 화자들의 관심과 의도를 적확하게 반영할 수 있을까 고뇌하는 머뭇거림, 꼭 그렇게 되었으면 좋겠다는 간절한 바람이 들어 있지 않은 탓이다. "물 먹었니?"를 "Did you drink?"로 직역하는 인공지능에게는 주어진 상황에 따라 똑같은 말을 "너 조직에서 잘렸니?"라는 중의적 의미로 번역하는 맥락적 사유가 없다.

손가락 접촉으로 얻어낸 정답은 신체적 접촉이 일어나는 구체적인 현장에서는 하나의 가상현실일 뿐 진실로 다가오지 않는다. 구체적인 질문을 던져 원하는 답을 얻어내도 그것은 특수한 상황에서 통용되는 일반적인 모범 답안이다. 단독적이고 고유한 상황에서는 통용되지 않는 일리 있는 의견과 주장인 것이다. 지름길로 알려준 처방전은 언제 어디서 적용하는지에 따라 그런대로 타당한 해답이 될 수도 있고 무리가 따르는 오답이 될 수도 있다.

인간의 신체성이 구체성과 만나 이루어지는 느낌과 감각적 각성은 겪어보지 않고서는 각인되지 않는 지혜다. 지혜는 지능적인 계산으로 만들어지는 산물이 아니라 복잡하고 불확실한 상황에서 이전과 다른 방법을 끊임없이 시도하며 사색하는 와중에 생기는 부산물이다. 갑자기 나타난 빙벽이나 바위산 앞에서 온갖 고생을 하며 산에 오르는 고난이 깊어질수록 고난도 지혜를 연마할 수 있다. 인공지능은 인간지능을 능가하지만 인간지성을 뛰어넘는 지혜를 몸소 창조할 수 없다. 무엇이든 직접 겪어낼 수 있는 몸이 없는 까닭이다. 인공지능을 기술적으로 고도화시키는 연구개발보다 우리에게 더욱 필요한 예술은 인공지능을 능가하는 인간지성을 연마하는 것이다. 낯선 사유를 잉태하는 뜻밖의 마주침을 통해 지혜를 개발하는 안간힘에서 어제와 다르게 창조하는 힘을 발휘해야 한다.

똑똑한smart 인공지능 백신을 맞고 모두 편리하게 지내는 시간이 늘어간다. 코로나 감염이 되지 않기 위해 백신을 맞은 뒤 어느 정도 예방효과는 있었지만 코로나 팬데믹의 위협에 휘말리는 경우도 발생했다. 마찬가지로 온 세상이 인공지능 기술로 떠들썩하고, 날이 갈수록 인공지능 기술이 급신장하면서 더 영리한 인공지능 기술로 갈아타기를 강권하고 있다. 하지만 인공지능 백신 맞은 인간지능은 왜 더불어 똑똑해지지 않고 오히려 멍청stupid해지는 것은 아닐까? '편리한' 인공지능이 제시하는 정답에 '감탄'할수록 문제의식은 실종되고 인공지능에 종속되어 '복사본'으로 살아갈 위험이 도사리고 있다. 인공지능이 제시하는 다양한 복사본에 광분하며 살아가는 우리 역시 복사본으로 휩쓸려 떠내려간다. 사람을 '감동'시키는 방법은 땀 흘려 축적한 자기만의 '원본' 스토리를 창조하는 '불편한' 인간지성을 접종하는 것이다. '감탄'은 머리에서 나오지만 '감동'은 심장에서 나온다. 감탄하며 침만 흘리지 말고 땀 흘리는 노고를 통해 다른 사람을 감동시킬 수 있는 나만의 원본을 창조하는 데 주력하자. '편리한 인공지능'을 넘어서는 '불편한 인간지성'의 비밀 열쇠가 이 책 안에 들어 있다.

프롤로그 머뭇거리지 않는 인공지능 앞에서 머뭇거리는 까닭은?

차례

3부 공감하고 상상해야 비상한다

4부 지식으로 지시하지 말고 지혜로 지휘하라

5부 '성적'을 뒤집으면 '적성'이 된다

편리한 인공지능, 불편한 편파적 진리를 낳는다

인공지능은 가능하지만 인공지성이나 인공지혜는 불가능한 까닭은? 지식은 지능의 산물이고 지혜는 지성의 산물이다. 지식으로 지시하는 시대가 저물고 지혜로 지휘하는 시대를 이끌어 갈 인간지성의 본질을 물어본다

01

인공지능, 여전히 인간지성을 넘볼 수 없는 까닭은?

인공지능 기술은 날로 발전하면서 인간의 창의성을 위협하는 요인으로 작용하고 있다. 인공지능이 인간보다 창의적인 작품을 만들어내는 날이 올 것이라는 조심스러운 예측도 나오는 상황이다. 실제로 인공지능의 창작 능력이 이미 인간을 능가했다고 보는 사람도 많다. 인공지능이 인간지능을 능가할 가능성은 다양한 사례를 통해 입증되고 있다. 하지만 인간지성을 능가하는 사례는 아직 발견되지 않았다. 인공지능은 가능하지만, 인공지성은 가능하지 않기 때문이다. 이 점을 이해하기 위해서는 지능과 지성의 차이를 알아야 한다.

지능과 지성의 차이

"지능intelligenz은 '-사이에서 고르기inter-legere'를 의미한다. 지능은 시스템에 의해 규정되어 있는 사이에 사로잡혀 있다는 점에서 완전히 자유롭다고 할 수 없다. …(중략)… 지능은 진정한 의미의 자유로운 결정을 할 수 없고, 다만 시스템이 제공하는 선택지들 사이에서 고를 수 있을 따름이다. 지능은 시스템의 논리를 따른다. 지능은 시스템 내재적이다. …(중략)… 지능은 수평적 차원에 거주한다. 이와는 달리 바보는 지배적인 시스템, 즉 지능과 결별하면서 수직적인 것을 건드린다."*

인공지능에서 지능은 다양한 데이터를 기반으로 새로운 지식과 스킬을 습득할 수 있는 인식 능력이다. 지능에는 기존 데이터에 숨겨진 의미를 비판적으로 재해석하거나 그것이 인간과 사회에 던져줄 수 있는 문제에 대한 도덕적이고 윤리적인 판단 능력이 담겨 있지 않다.

지능은 시스템 내에 산재하는 데이터를 수평적으

* 한병철(2015), 앞의 책, 116쪽.

로 검색하고 편집해서 놀라운 수준으로 창작해낸 지식을 산출한다. 하지만 지성은 신체가 구체적인 맥락에서 경험하는 색다른 깨우침의 지혜를 낳는 원동력이다. 지능은 지식으로 지시해서 원하는 결과나 목표를 달성할 수 있다. 반면에 지성은 지혜로 지휘해서 지금까지와는 다른 가능성의 세계에 뛰어들어 색다른 깨달음의 향연을 즐기며, 그것을 통해 일생일대 한 획을 긋는 전환점을 마련하거나 이정표를 만들 수 있다. 지식으로 지시해서 효율적으로 목표를 달성하는 인공지능과 지혜로 지휘해서 의미심장한 성취감을 맛보는 인간지성에는 좁힐 수 없는 차이가 존재한다. 내가 왜 이 일을 계속해야 하는지, 그 일을 통해 추구하는 가치는 무엇이며 지금 하는 일을 통해 행복한 삶을 살고 있는지와 같은 근본적인 질문을 스스로에게 던지지 않고 축적된 지식이 걸어온 길을 그대로 답습할 때, 나에게 다가오는 삶의 위험과 위협은 무엇인가?

이미 축적된 지식으로 지금 우리가 살아가는 세상을 이전과 비슷한 방향과 방법으로 재단한다면 지금까지와 다른 삶을 기대하기 어렵다. 앞으로 우리에게 필요한 자질과 능력 측면에서 바라볼 때 "무엇이 주연인지 조연인지 구분하기 어렵다"는 뜻이다. 내 삶의 방향을 지휘하는 일을 어제와 다르게 반복하다 일정한 때가 되면 반전을 거듭하며 새로운 모습으로 변신하는 삶을 영위할 때 인간지성은 인공지능을 능가할 수 있다. 지식으로 지시하다 시시해지지 않고 지혜로 지휘하는 혜안과 식견을 가지려면 다음에서 언급되는 인공지능의 치명적인 한계와 태생적 문제점을 비판적으로 재조명해야 한다.

땀 흘리지 않는 인공지능

인공지능은 땀을 흘리지 않는다. 땀을 흘리지 않는다는 이야기는 몸을 움직여 도전해보거나 시행착오를 겪으면서 깨달은 개인적이고 경험적인 교훈이 없다는 뜻이다. 직접 겪어본 이야기가 없기 때문에 인공지능은 남의 이야기를 편집해서 보여준다. 그런 이야기는 재미있기 어렵다. 똑같은 이야기라고 해도 직접 겪은 일을 자신이 느낀 교훈이나 깨달음에 비추어 전달할 때 상대는 감동을 받는다. 땀은 수고와 정성의 대가로 흐르는 노력의 증표다. 땀을 흘리지 않는 인공지능은 주로 머리를 써서 인간이 던진 질문에 대답한다. 사람이 던진 질문의 내용을 분석한 다음, 해당 질문에 적

합한 데이터를 수평적으로 탐문하고 조사하고 분석한 뒤 편집을 통해 적절한 답을 만들어낸다. 인공지능이 보여주는 답이 사람을 감탄하게 만들지만 감동하게 만들지는 못하는 이유다. 감탄은 나도 모르는 사이에 밖으로 터지는 데 반해 감동은 의미심장한 깨달음이 가슴으로 느껴질 때 안으로 울린다. 인간이 도저히 만들어낼 수 없는 창작물을 인공지능은 상상을 초월하는 속도로 보여준다. 정말이지 놀라지 않을 수 없다. 그 경이로운 작품에 감탄사가 나오면서도 심금을 울리는 감동을 받지 못하는 까닭은 자기만의 문제의식과 언어로 자신이 겪은 경험적 깨달음을 번역한 작품이 아니기 때문이다. 그래서 인공지능이 사용하는 언어는 100퍼센트 관념적인 머리의 언어다. 몸을 던져 시행착오를 겪어보고 그 과정에서 신체성이 구체적인 상황적 맥락과 마주치며 사투를 벌인 경험을 언어로 벼리고 벼려서 탄생시킨 몸의 언어가 아니다.

맥락 파악 못 하는 인공지능

인공지능은 맥락을 파악하지 못한다. 인간이 갖고 있는 고유한 능력 중의 하나가 맥락적 사유다. 청중이나 상대방을 대상으로 말하는 와중에도 계속 눈치를 보면서 지금 자신이 하고 있는 이야기가 여기서 먹히고 있는지를 파악한다. 농담을 던졌을 때 상대방이 그것을 농담으로 받아들이는지 진담으로 받아들이는지를 파악한 다음, 기대와는 반대로 농담을 진담으로 받아들이고 있다는 느낌이 들면 바로 수습한다. 자칫 치명적인 문제가 생길 수도 있기 때문이다. 맥락적 사유는 커뮤니케이션의 핵심적인 능력이다. 커뮤니케이션은 전달자의 의도와 의미를 상대방이 어떻게 받아들이는지 살피면서 그 반응에 따라 내가 전달하고 싶은 메시지의 의미나 유형을 바꾸는 과정이기 때문이다. 맥락적 사유는 한마디로 종합적인 상황 판단 능력이다. 상대방이 자신이 한 이야기의 의미를 의도와 다르게 해석한다면 그 이유가 무엇인지 순식간에 판단한 다음, 본래 의도와 다르게 의미를 바꾸거나 보다 구체적인 사례를 들어 설명하는 등 전략을 바꿀 수도 있다. 그런 임기응변력이 바로 맥락적 사유다. 인공지능은 이처럼 예상치 못한 상황을 판단하고, 순간적으로 변하는 상황에 대응하는 능력이 없다. 각본 없는 시나리오를 처리하는 데 미숙하다고 할 수 있다.

기대를 망가뜨리지 못하는 인공지능

유머는 기대를 망가뜨리고 생각지도 못한 틀 밖의 사유를 이끌어내는 일이다. 바로 그때 웃음이 터진다. 다른 사람이 기대했던 대로 반응하면 기대에 부응할 뿐 색다른 반전이나 역발상이 일어나지 않는다. 유머의 핵심은 거기에 있다. 지능은 주어진 시스템이 내장한 알고리즘의 논리를 따르며 계산한다. 인공지능 역시 수학적 논리를 따라 정답을 찾아내는 지능이다. 따라서 우리의 기대를 망가뜨리며 정답이 아닌 엉뚱한 답을 내놓는 바보짓을 할 수 없다. 그런데 그 바보짓이야 말로 엉뚱한 생각을 통해 낯선 사유체계를 구축하는 출발점이다. 인공지능의 지능은 지능적으로 원하는 대답을 찾아낼 뿐이다. 정답은 하나밖에 없는 답이지만 해답은 해석하기 나름이다. 비록 정답은 아니어도 주어진 상황에서 많은 사람에게 웃음을 선사하는 답이 될 수 있다는 뜻이다. 오답은 논리적 정합성에 맞지 않지만, 하나의 재미있는 대안이 되기도 한다. 1+1은 2가 아니라 3이 된다고 주장하는 아이를 만난 적이 있다. 어떻게 그럴 수 있느냐고 물었더니, 자기 누나가 결혼 후 집에 놀러 왔는데 둘이 아닌 세 명이 되어서 왔다는 대답이 돌아왔다. 논리적으로는 틀렸지만, 아이의 수학적 상상력이 단순한 산술적 합을 능가한 셈이다.

낯선 조합의 의미를 모르는 인공지능

인공지능은 익숙한 것의 엉뚱한 조합이 갖는 의미를 모른다. 챗GPT에게 독서와 피클은 무슨 관계냐고 물어보면 상식적인 수준에서 답을 내놓는다. 결혼과 양파의 관계를 물어봐도 상상을 초월하거나 무릎을 칠 만큼 통찰력 있는 답을 얻을 수 없다. 인공지능은 둘 사이의 관계에 관한 데이터를 순식간에 수평적으로 검색한 다음 연관성이 있어 보이는 데이터를 편집해서 보여준다. 새로운 깨달음을 얻을 수 있는 유추 능력에는 뚜렷한 한계가 있어 보이는 답이다. 인공지능은 결정적으로 은유에 약하다. 전혀 관계없는 것처럼 보이는 두 가지를 연결해 닮은 점을 찾아내는 사유가 은유다. 독서와 피클, 결혼과 양파는 전혀 다른 것 같지만, 곰곰이 생각해보면 닮은 점이 있다. 독서는 사람을 변화시킨다. 책을 읽기 전에는 오이였다가 책을 읽고 나면 피클로 바뀌는 것처럼 이전의 상태로 돌아갈 수 없게 된다. 결혼은 양파처럼 까도 까도 새로운 일일 수 있고, 눈물이 나는 일일 수도 있다. 인공지능은 이질성의 정도가 큰 두 가지를 연결해 그 관계를 물어보면 더욱 답을 찾지 못한다. 한번은 뱃살과 비무장지대가 무슨 관계냐고 물었는데, 둘 사이에는 아무런 관계가 없다는 답이 나왔다. 하지만 서울대학교 김영민 교수는 한 칼럼에서 "뱃살은 상반신과 하반신에 걸쳐 있는 무책임한 비무장지대"라고 말했다. 그 어디에서도 찾을 수 없는, 최초의 연결로 일어난 새로운 사유다.

모른 척하지 못하는 인공지능

인공지능은 모른 척하지 못한다. 모르는 것을 붙잡고 그것의 진의가 무엇인지를 숙고하며 성찰하지 않는다. 세상에는 지금 당장 정답을 찾아내지 못하는 것들이 있다. 그 불확실성을 붙잡고 그것이 함의하는 다양한 가능성이나 대안을 탐색하는 능력은 인간의 지성이 갖고 있는 고유한 능력이다. 책을 읽다 보면 난해한 문장이나 개념을 만난다. 그것에 담긴 저자의 의도나 의미를 모두 확인하며 책을 끝까지 읽어내기란 불가능에 가깝다. 그래서 우선 읽고 본다. 인공지능에게는 지금 당장 모르더라도 일단 넘어가서 나중에 생각해보

1부 편리한 인공지능, 불편한 편파적 진리를 넘는다

려는 '미뤄놓기' 능력이 없다. 『상황인지』*를 쓴 박동섭에 따르면 이런 능력을 '건너뛰기' 능력 혹은 '무시'하는 능력이라고 한다. 의미 있는 정보와 의미 없는 정보를 순간적으로 판단하고 지나쳤는데, 시간이 지나 그것을 돌이켜보는 와중에 갑작스러운 깨달음을 얻은 경험이 있을 것이다. 다양한 화두나 복잡한 문제에 빠져 지내느라 잊고 지내다가 어느 결정적인 순간에 묵혀둔 정보가 전해준 의미에 대한 실마리와 맞닥뜨리는 경우가 있다. 그 의미가 생각지도 못한 연결과 난반사로 연상되면서 새로운 의미의 변주로 폭발하는 경우도 있다. "'무엇인지 알 수 없는 것이 있다'라는 사실을 받아들일 수 있는 것은 인간의 지성뿐이다. 알 수 없는 정보를 '알 수 없는 정보'로 둔 채 시간을 들여 묵히는 미뤄놓기 능력은 인간지성의 두드러진 특징이다."** 뭔가를 봤지만 그것의 의미를 밝혀내려는 의도를 뒤로 미룬 채 모호한 의미의 바다를 항해하다 나중에 불현듯 그 의미를 다른 것과 연상시켜 새로운 의미의 파도로 창조하는 능력은 오로지 인간지성만이 갖고 있는 고난도

---

* 박동섭, 『상황인지』, 커뮤니케이션북스, 2021.

** 우치다 다쓰루, 『하류지향』, 김경옥 옮김, 민들레, 2013, 36쪽.

능력이다.

유추와 비유에 약한 인공지능

인공지능은 유추나 비유 능력이 치명적으로 부족하다. 인공지능은 데이터 기반 사유를 하는 기계다. 데이터에 없는 내용, 즉 익숙한 것의 낯선 조합이 갖는 의미나 상호 간의 관계를 물어보면 당황하는 기색이 역력하거나 타성에 젖은 답을 제시할 뿐이다. 결혼은 왜 양파냐고 물어보면 논리적으로 지극한 합당한 답을 준다. 기대에 부응하는 논리적인 답은 머리로 다가가 이해를 구한다. 결혼과 양파의 두 가지 공통점은 경험적 깨달음에 따라 다르다. 예를 들면 까도 까도 늘 새로운 것이 나오는 양파의 속성처럼 결혼도 실제로 해보면 이전에는 몰랐던 부분을 발견할 수 있다. 이런 경우 결혼과 양파의 공통점은 시간이 지날수록 새로운 사실을 알게 된다는 점이다. 부정적인 공통점도 존재한다. 양파는 까면 깔수록 눈물이 난다. 온갖 기대를 품고 부푼 마음으로 한 결혼도 지속될수록 실망과 슬픔이 더해가며 눈물이 날 수 있다. 이런 경우 결혼이 양파인 까닭은 첫 번째 경우와 정반대의 의미를 지닌다.

우리는 인간적인 정서나 감정을 겪어본 경험을 토대로 이질적인 둘 사이의 관계를 관통하는 코드를 찾아내 연결 짓는다. 인공지능은 이런 데 취약하다. 딥 러닝을 기반으로 생성형 학습을 해도 성질이 다른 대상이나 사물을 연결해 공통점을 찾아내는 경험적 상상력은 인공지능이 발휘하기 어려운 능력이다.

윤리적 판단 능력 없는 인공지능

마지막으로 인공지능은 윤리적이고 도덕적인 판단 능력이 없다. 니체는 『선악의 저편·도덕의 계보』*에서 '선good과 악evil', 그리고 '좋은 것good과 나쁜 것bad'을 구분할 것을 주장한다. '선과 악'은 우리가 주어인 모럴 moral(도덕)이고, '좋고 나쁜 것'은 내가 주어로 작용하는 에틱ethics(윤리)이다. '선과 악'은 나의 선호와 관계없이 사회가 정한 보편적 규범이기에 무조건 따라야 하는 집단적인 떼거리의 도덕이다. 반면에 '좋음과 나쁨'은 사람과 상황에 따라 다르게 인정되는 나의 윤리적 행동 지침이다. '선과 악'을 나누고 사람들로 하여금 선

* 프리드리히 니체, 『선악의 저편·도덕의 계보』, 김정현 옮김, 책세상, 2002.

에 해당하는 규범을 따르도록 하는 힘은 종교적 규율이나 사회적 관습과 같은 외부적 권위에서 비롯된다. 하지만, '좋음과 나쁨'은 철저하게 지금 여기서 살아가는 나의 입장과 철학적 신념에 따라 결정된다. '선과 악'을 따르는 사람은 남이 정해놓은 규칙에 종속된 노예와 같고, '좋음과 나쁨'을 따라가는 사람은 삶의 주인으로 살아가며 자유를 구가한다. 인공지능은 누구나 따르고 지켜야 할 '선과 악'의 기준인 보편적인 도덕은 제시할 수 있지만, 딜레마 상황에서 저마다 다른 '좋음과 나쁨'의 윤리적 행동 지침은 제시할 수 없다.

"우리는 특정한 감정적 확신과 태도, 세계관을 갖고 있기에 그에 맞는 이성적 논거를 찾는다. 이성적 논거는 늘 감정 뒤에 온다."[*] 여기서 이성적 논거는 도덕이고, 좋고 나쁨을 판단하는 기준은 이성보다 감정이다. 인공지능은 프로그램화된 논리에 따라 판단하는 기계라서 자율적이며 윤리적으로 행동할 수 있는 주체가 아니다. 자율적이며 윤리적으로 판단하고 행동하기 위해서는 딜레마 상황에서 선택지를 숙고하고 어떤 대안이 이해 당사자들에게 최선인지를 결정할 수 있는

1부 편리한 인공지능, 불편한 철학적 진리를 낳는다

---

* 리하르트 다비트 프레히트, 『인공지능의 시대, 인생의 의미』, 박종대 옮김, 열린책들, 2022, 168쪽.

윤리적 실천 능력이 있어야 한다.

이런 점에서 인공지능의 지능은 타자의 아픔에 측은지심을 발휘하며 발 벗고 나서는 결단과 결연한 행동을 추진하지 않는다. 오로지 알고리즘의 논리에 따라 계산하며 주어진 문제에 대응한다. 지능과 달리 지성은 이성과 감성의 조화를 통해 도덕적 판단과 윤리적 실천에 필요한 비판적 사유를 한다. 이는 타자의 아픔을 헤아리는 인문학적 사유와 깊은 관련을 맺고 있다. 기존의 데이터를 기반으로 논리적 추론과 합리적 사유를 추구하는 지능과 다르게 올바른 결정을 고심하는 것이다. 지성은 이처럼 수학적 계산이나 과학적 논증만으로 설명하고 이해할 수 없는 회색지대에서 주어진 문제를 해결하기 위한 최선의 행동을 추구한다. 이해타산을 떠나 타자의 아픔에 공감하며 윤리적인 판단을 내리고 그에 따라 행동하는 것은 지성에서만 발현되는 인간의 고유한 능력이다. 지능은 누군가가 원하는 단 하나의 정답을 빨리 찾아내지만, 지성은 자기만의 관점과 다양한 해석으로 상황에 따라 일리 있는 해답의 가능성을 높여나간다. 그야말로 고도의 지적 안목과 식견이다.

지능은 지식을 창조할 수 있지만, 지혜는 창조하지

못한다. 지혜는 지능이 아닌 지성으로 만들어지는 혜안이자 몸이 개입된 신체적 경험이 가져다주는 깨달음의 산물이다. 지능은 논리적 이성의 기능이지만, 지성은 논리적 이성을 비롯해 감수성과 영성, 그리고 보이지 않는 이면의 원리나 구조를 꿰뚫어 통찰하는 심미안 등이 합작하며 발휘하는 예술적 능력에 가깝다.

02

궁지에서 경지로 가는
인간 학습, 긍지를 만나다*

AI 시대, 인간 학습의 위기

AI와 관련해서 가장 많이 언급되는 용어가 바로 '딥 러닝Deep Learning'이다. 딥 러닝은 머신 러닝의 한 종류로, 컴퓨터가 사람처럼 생각하고 배울 수 있도록 하는 기술이다. 인간의 뇌 작동 원리를 모방한 인공신경망을 토대로 반복해서 학습하게 함으로써 일정한 패턴과 규칙을 깨닫게 만드는 것이다. AI의 학습 방식은 크게 세 가지로 나눌 수 있다. 첫 번째는 문제와 정답

---

* 이 글은 「[김정호의 AI시대 전략] 대치동 학원은 거꾸로 AI 학습법을 배워야 한다」는 『조선일보』 2024년 8월 27일 자 칼럼을 근간으로 작성된 내용임을 밝혀 둔다.

을 모두 알려주고 반복 학습을 통해 정답을 맞히도록 하는 방식이고, 두 번째는 정답을 알려주지 않은 채 원하는 정답의 공통된 속성이나 패턴을 찾아가게 만드는 방식이다. 세 번째는 정답을 맞히면 보상을, 틀리면 처벌을 받도록 함으로써 정답을 맞히는 방향으로 강화하는 방식이다.

딥 러닝은 전통적인 머신 러닝Machine Learning의 한계와 문제점을 극복했다. 머신 러닝이 주어진 패턴에 따라 데이터를 분석하고 스스로 학습하는 기계라면 딥 러닝은 인간의 두뇌가 학습하는 방식을 모방하여 배우는 기계다. 딥 러닝이 결정적으로 놀라운 효과를 발휘하게 된 계기는 하드웨어의 발전에 있다. 인간의 지능을 초월하는 강력한 성능을 가진 그래픽 처리 장치GPU와 고대역폭 메모리HBM 기술이 발전하면서 대규모의 데이터를 빠른 속도로 처리할 수 있게 된 것이다. 딥 러닝은 인간이 상상하기 힘든 규모나 분량의 데이터를 처리하며 한층 고도화된 방식으로 문제를 풀어나간다. 반복해서 문제를 풀고 시행착오를 경험하며 판단 착오를 줄인다. 마치 암기식 학습을 하는 것처럼 거듭 공부하면서 틀린 문제를 만나면 왜 틀렸는지, 다음 문제를 틀리지 않기 위해서는 어떤 점에 주의를 기

울여야 하는지 분석한다. 그렇게 다시 고치는 과정을
반복하며 오차를 최소한으로 줄여나가는 동시에 예측
능력을 높여나간다. 딥 러닝의 놀라운 학습 방식이다.

모방과 반복만으로는 불가능한, 진정한 학습의 길

AI의 가장 기본적인 학습 방식은 모방학습Imitation
Learning이다. 모방학습은 롤 모델이나 해당 분야의 경
지에 이른 전문가의 행동을 그대로 따라 함으로써 목
표로 삼고 있는 행동을 반복해서 배우고 익히는 방법
이다. 모방학습을 하는 AI는 전문가가 어떻게 해당 분
야에서 경지에 이르게 되었는지 정리해 놓은 참고서나
일정한 프로세스로 정립된 매뉴얼을 활용한다. 일타강
사에게 족집게 과외를 받는 것과 비슷하다. 족집게 과
외 강사는 시험에 나올 법한 문제를 선별하고 그 문제
를 푸는 가장 효율적인 방법을 가르친다. 그만큼 짧은
시간에 많은 것을 배울 수 있지만, 상황이나 맥락을 고
려하지 않고 확산 적용하기에는 한계가 있다. 매뉴얼에
따른 논리나 프로세스만으로는 우발적인 문제에 대응
하는 전문가의 식견과 안목을 따라갈 수 없기 때문이
다. 이런 점에서 족집게 과외 강사가 가르치는 방식을

그대로 따르는 기존의 학원 교육은 주어진 매뉴얼이나 사전에 처방된 로드맵을 따라가는 모범생만 대량 양산할 뿐이다. 그러다 보면 자칫 인공지능에 지배당할지도 모른다.

AI가 자주 사용하는 학습 방식 중에 '연합학습 Federated Learning'도 있다. 연합학습은 다수의 로컬 클라이언트에 연결된 학습자가 주어진 문제에 대한 단서나 아이디어를 공유하면서 중앙 서버에 연결되어 일어나는 일종의 협력학습이다. 협력학습은 중앙 서버 컴퓨터를 활용해서 문제해결에 필요한 다양한 데이터를 공유하거나, 네트워크 시스템을 통해 컴퓨터 자체를 공유함으로써 이루어진다. 이러한 학습 방식은 집단지성으로 문제를 해결함으로써 각자의 특성과 역할을 살리면서도 협동을 통해 문제해결의 효율성과 정확성을 높일 수 있다는 강점을 지닌다. 가장 쉬우면서도 흔하게 실행할 수 있는 연합학습은 각자의 휴대폰으로 주어진 문제를 풀거나 관련 데이터를 공유하면서 학습 결과를 하나의 클라우드 서버에 저장하고 접근하는 방식이다. 엉뚱한 상상력을 기반으로 익숙한 것을 낯설게 조합하는 방식을 설계하지 않는다면 협력을 통해서도 기존의 한계를 넘어서는 새로운 가능성을 학습하기 어렵다. 흔해 빠진 평범한 일상이라도 관심과 애정을 갖고 바라본다면 얼마든지 뜻밖의 조합을 발견할 수 있을 것이다. 기발한 상상력은 거기에서부터 나온다.

창발적 상호작용, 진정한 생성 학습의 비밀

AI가 학습하는 방법 중에 학교나 학원에서 수행하는 수동적인 암기식 학습이나 주입식 교육과 가장 큰 차이점을 보이는 것이 바로 강화 학습Reinforcement Learning이다. 강화 학습이 기존의 AI 학습 방법과 차별화되는 가장 큰 특징은 고정된 정적 데이터셋에 의존하는 것이 아니라 역동적인 환경에서 수집된 경험으로부터 학습한다는 점이다. AI가 주어진 문제를 해결하는 동안 환경과 소프트웨어 에이전트 간의 시행착오나 상호작용을 통해 수집된 데이터는 다음 문제해결 과정을 개선하는 데 쓰인다. 강화학습은 이런 식으로 주어진 데이터를 계속 수정하고 보완해나가는 학습 방식이다. 주어진 현실에 안주하지 않고 모험심을 바탕으로 어제와 다른 방식을 시도하면서 마침내 새로운 가능성을 찾아내는 것이다. 이런 방법을 통해 학습하는 에이전트는 사전에 처방된 매뉴얼이나 목적지로 안내하는 지도도 없다. 사전 프로그래밍 없이 작업성과에 대한 보상 메트릭을 기반으로 자신에게 더 이득이 되는 방향으로 의사결정 과정을 반복하는 가운데 최적의 대안을 찾아낸다. 높은 리스크에 도전하는 학습을 반복할수록 높은 성과가 따라오는 성취감을 맛볼 수 있는 학습 방식이라고 할 수 있다.

마지막으로 최첨단 AI의 특징을 대변하는 '생성 학습Generative Learning'이 있다. 생성 학습은 우선 기존의 창작물을 모방하는 과정으로 시작한다. 원본과 구분하기 어려울 정도로 복사본이 대량 양산되기 때문이다. 모방 단계를 거친 생성형 학습은 기존 데이터를 기반으로 인간이 요구하는 방식에 따라 이전 창작물과 다른 모습이나 이미지를 생성하기 시작한다. 하늘 아래 새로운 것은 없다. 모든 것은 기존의 것을 이전과 다른 방식으로 재조합하거나 연결한 결과다. AI는 단순히 모방하는 수준을 넘어 방대한 기존 데이터를 자유롭게 조합, 융합, 변형 적용함으로써 다양한 경우의 수를 만들어낸다. 기존의 AI가 창작한 작품과 차별화될수록 높은 점수를 받는다. 하지만 생성형 AI 또는 생성 학습에서 '생성generation'이 의미하는 바가 무엇인지를 비판적으로 분석해보면 생성 학습 역시 인간 학습에 비해 치명적인 한계나 문제점을 내포하고 있음을 알 수 있다.

AI가 수행하는 '생성'은 규칙이나 알고리듬을 기반으로 데이터를 활용해서 탈맥락적으로 양산하는 것이다. 하지만 인간의 생성becoming은 프로그램화된 시스템으로 작동하지 않는다. 주어진 맥락의 특수성, 그 맥락과 인간이 창발적으로 상호작용하면서 복잡한 관련성을 감각적으로 포착하는 와중에 우발적으로 만들어진다.[*] 생성형 AI는 한 번 사용한 데이터를 재사용하여 새로운 문제를 해결하는 문장을 재생산하거나 그림 또는 음악을 합성해 창작물을 만들어내지만, 창작자의 문제의식을 담지는 못한다. 창작자가 주어진 대상이나 상황과 상호작용하면서 독창적으로 발견한 감각적 느낌을 반영할 수도 없다. 창작은 창작 주체와 작품 간의 창발적 상호작용Emergent Interaction 과정에서 생기는 미지수나 변수들을 수용하는 가운데 발생한 우발적 마주침이 생각지도 못한 깨우침으로 축적되면서 일어난다. 미리 계산하거나 예상할 수 없는 사회적이고

---

[*] 김성우, 『인공지능은 나의 읽기-쓰기를 어떻게 바꿀까』, 유유, 2024. 리하르트 다비트 프레히트(2022), 앞의 책 참고.

역사적인 성취물이다. 인공지능의 생성형 학습은 배우는 주체와 객체, 사고와 언어, 콘텍스트와 텍스트의 긴밀한 상호작용이나 변증법적 교섭을 통한 창발적 창작 becoming 없이 기존의 방대한 빅데이터 언어 창고에서 새로운 것을 발생generation시킬 뿐이다. 엄밀하게 말하면 생성becoming 없는 생성generation 학습이다.[*]

언어로 벼리는 창의적 학습

100번째 책 『코나투스』[**]에서 자기만의 일생 이론을 구축하기 위한 성장 방정식을 제안한 바 있다. 여기서는 이 공식으로 인공지능이 능가할 수 없는 인간의 고유한 능력이 어떤 방식으로 개발되고 발휘될 수 있는지를 지금까지 설명한 인공지능의 학습 방식과 차별화해서 설명해보려 한다.

$$y = er^2t/l$$

이 공식에서 y는 인공지능이 흉내 내기 어려운 창작물을 뜻한다. e는 경험experience, r은 독서reading, 다

* 김성우(2024), 위의 책.
** 유영만, 『코나투스』, 행성B, 2024.

른 r은 인간관계relationship, t는 생각thinking, l은 언어 language다. 인공지능을 능가하는 학습이 일어나려면 인공지능처럼 체험이나 경험 없이 다른 사람의 경험적 깨달음의 산물을 모방하거나 연결 또는 강화시켜 기존 데이터의 다른 버전으로 생성하는 학습에서 탈피해야 한다. 계획적이고 단속적인 체험을 반복하면 안 된다. 인공지능을 능가하는 창작품은 어제의 경험이 오늘의 경험과 연결되면서 연속적인 깨달음이 축적되어 자기만의 서사나 이야기가 생겨야 나온다. 내가 삶의 주도권을 쥐고 내 몸이 직접 겪는 우발적인 경험이 반복될 때 인공지능은 물론 다른 사람이 대체 불가능한 나만의 서사가 탄생한다. 삶은 계획대로 풀리지 않는 미지수와 변수들의 역동적인 상호작용에 따른 예측불허의 불확실한 세계로, 매일 다르게 구성된다.

둘째, 창의적인 학습은 내가 겪어보지 못한 일로 다른 자극을 받을 때 가능하다. 나의 경험에 갇힐수록 그 한계를 인식하지 못하고 좌정관천의 오류에 빠질 위험이 커지기 때문이다. 살면서 만난 적이 없는 새로운 자극을 받게 되면 타성에 젖지 않고 탄성이 일어나면서 이전과는 차원이 다른 감탄사를 연발하게 된다. AI를 능가하는 창의적 학습은 내가 겪어보지 못한 미지의 세계를 겪어본 사람들이 저마다의 콘텍스트에서 특유의 문제의식으로 풀어낸 텍스트를 읽어낼 때 생긴다. 모든 텍스트는 콘텍스트의 산물이다. 콘텍스트 없이 텍스트를 대량 양산하는 천재가 바로 AI이다. 하지만 사람은 저마다의 사연과 배경이 스며들어 있는 콘텍스트에서 몸으로 겪어본 자기만의 스토리를 일정한 흐름에 따라 씨줄과 날줄로 직조해낸다. 특정한 콘텍스트에서 탄생한 텍스트를 자기 경험에 비추어 주체적이고 비판적으로 해석하며 자기 지식으로 재창조하는 존재는 인간뿐이다. 인간만이 이전과 다른 문제의식으로 감동을 주는 텍스트를 창작해낼 수 있다.

낯선 관계 속 공감

셋째, 창의적인 학습은 나에게 낯선 인간적 자극을 줄 수 있는 낯선 사람과의 만남에서 비롯된다. 나와 경험은 물론 살아온 배경도 비슷하고 철학적 신념이나 가치관마저 비슷하다면 그 사람은 나에게 색다른 인간적 마주침의 기회를 제공하지 못한다. 결과적으로 그 사람에게서는 낯선 인간적 깨우침의 자극을 받을 수 없다. 익숙한 인간관계 속에 틀어박히면 사고방식도 틀에 박힌다. 인간은 마음만 먹으면 자신과 전혀 다른 사람을 만나 간접 경험의 기회를 가질 수 있지만, 인공지능을 그렇게 할 수 없다. 창의적 산물은 낯선 생각과 충돌하거나 그것이 내 생각과 모순될 때 돌파구를 마련하는 와중에 태어난다. 모든 창작은 다른 사람이나 환경과 마주치는 역동적인 만남에서 시작된다. 그 만남에 대한 신체적 반응이나 대응 과정에서 새롭게 일어나는 감각적 각성의 축적이 어느 순간 기적을 일으키며 탄생하는 사회적 관계의 합작품이다. AI는 프로그램화된 프로세스대로 움직이는 탈맥락적인 논리적 기계다. "의미는 논리적으로 발견되는 것이 아니라 맥락과 관계 속에서 포착된다. 우리의 사고는 분위기와 뉘앙스, 복잡한 관련성을 온몸으로 느끼는 섬세한 감각이 포함되어 있다. 모든 주체는 개인적이고 문화적인 선행 지식의 지평 속에서 나타난다."* 모든 의미는 논리적 사유의 산물이라기보다 맥락적 상호작용으로 시시각각 다른 의미심장함으로 거듭난다.

넷째, 아무리 색다른 경험을 하고 책을 많이 읽고 낯선 마주침이 일어나는 인간적 자극을 받아도 주체

---

* 리하르트 다비트 프레히트(2022), 앞의 책, 37쪽.

적으로 해석해낼 수 있는 사유체계를 구축하지 않으면 사상누각이나 무용지물이 될 수 있다. 생각은 머리와 가슴의 합작품이다. 생각 사思라는 한자는 밭 전田과 마음 심心의 합성어이다. 밭을 의미하는 전은 본래 인간의 숨골을 뜻하는 상형문자라고 한다. 그래서 생각 사思의 윗부분은 머리나 이성을, 아랫부분은 가슴이나 감성을 의미한다. '생각한다'는 것은 머리와 가슴이 동시에 관여하는 일이다. 그런데 어느 순간부터 생각은 머리가 하는 논리적 생각만을 의미하게 되었다. 하지만 논리적 생각은 인공지능이 인간을 능가하기 시작했다. 복잡한 관계 속에 존재하는 일정한 패턴이나 결론을 도출하는 논리적 추론 능력은 인공지능을 따라갈 수 없다. 인공지능을 능가하는 인간지성의 핵심은 감수성, 즉 가슴으로 타자의 아픔에 공감하는 측은지심에서 비롯된다. 타인의 아픔을 나의 아픔처럼 생각하는 공감 능력이 발동될 때 인간은 물불을 가리지 않는다. 그 아픔을 치유하기 위한 아이디어를 내는 과정에 온갖 상상력을 발휘하며 발 벗고 나선다. 공감 능력은 책상에서 머리로 배우는 게 아니라 몸을 던져 타자의 입장에서 행동하고 생각할 때 비로소 싹이 트는 인간의 숭고한 미덕이다.

자기만의 언어로 벼리는 경험적 깨달음

다섯째, 창의적 학습은 결국 언어라는 생각의 옷을 입고 세상으로 나온다. 경험과 독서, 그리고 인간관계에 대한 기존 생각을 그대로 재현representation하지 않고 자기만의 독창적인 생각을 담아 색다른 언어로 표현presentation할 때 다른 사람에게도 선물present이 될 수 있다. 인공지능의 언어는 100퍼센트 다른 사람의 언어다. 본인이 겪어본 몸의 경험을 번역한 것은 없다.

구체적이고 상황적이지만 자신의 체험이나 경험으로 녹여낸 언어가 아니라서 감탄사를 자아내게 할 뿐, 심금을 울리는 감동은 주지 못한다. 머리의 언어는 맴돌고 막히지만 몸의 언어는 꽂히고 먹힌다. 머리의 언어는 이해타산을 따지게 되는 언어다. 시어머니가 아프면 내 머리가 아파지는 것과 같다. 병원비나 간병 걱정 등 해결해야 할 문제만 떠오르는 탓이다. 반면 친정엄마가 아프면 가슴이 아프다. 나에게 손해가 되는 일도 기꺼이 하게 된다. 이처럼 몸의 언어는 타인의 아픔을 나의 아픔처럼 생각하며 몸을 던질 때 탄생한다. 창의적 학습은 머리의 언어가 아니라 몸의 언어로 벼리고 벼려서 더 적확한 언어를 창조할 때 꽃핀다.

03

궁리하는 인간지성,
고민하지 않는 인공지능을 이긴다

사실적 정보를 조합해 논리적 의미를 도출하는 작업, 파편화된 정보를 암기하는 선행학습이나 단순한 복습은 이제 인공지능을 따라잡기 어렵다. AI 시대에는 정답이 존재하는 문제를 푸는 모범생 육성 교육보다 정답이 없는 가운데에서도 해답을 찾게끔 하는 교육이 중요하다. 인공지능도 접해보지 못한 전대미문의 질문을 던져놓고 이전과 다른 호기심과 열정으로 해답을 찾아 나서게 하는 식이다. 불확실한 상황에서 미지의 세계로 떠나는 탐험 학습이 위험하기는 하지만, 현실적 위기를 극복하는 가장 위대한 대안이 될 수 있다. 궁금한 게 생기면 이전과 달리 머리를 쓰지 않고 반사적으로 인공지능에게 답을 구하는 인공지능 의존적 인간지능은 더 이상 설 자리가 없다. 인공지능을 능가하는 인간지성이 되기 위해서는 어제보다 어렵고 위험하며 더럽게 느껴지는 3D difficult, dangerous, dirty 분야를 온몸으로 끌어안고 씨름해야 한다. 그러면서 뇌리를 공략할 때 세상을 다르게 생각하고 바라보는 심리心理와 원리原理도 새롭게 밝혀낼 수 있다. 기술이 발전할수록 어렵고 위험하고 더럽다고 생각하는 일을 기계에게 위임하게 된다. 그 사이에 인간이 머리를 쓰지 않으면 용불용설에 의해 인간의 두뇌 작용은 감퇴를 거듭할 것이다. 인공지능에 의존하지 않고서는 생각 자체를 할 수 없는 극단적인 상황에 몰릴 수도 있다.

AI 시대에는 단순 암기보다 창의적 문제 해결 능력이 중요하므로 인간은 인공지능은 할 수 없는 분야에 도전해야 한다. AI 의존성을 경계하는 능동적인 사고가 필요하다.

고민하고 궁리하는 순간

"인공지능은 고민하지 않는다. 시키는 일을 아주 잘 해낼 뿐이다. 이제 중요한 차이가 드러났다. 생각의 고장은 사람에게만 있다. 요컨대 사람이니까 고민한다.

고민이 시작되면 다음 단계는 궁리다. 궁리란 해결책을 찾으려는 갖가지 노력과 시도다. 인공지능은 궁리하지 못한다."* 인공지능은 스스로 고민하거나 궁리하지 않는다. 고민은 정답을 논리적으로 찾을 때보다 정답임에도 불구하고 그 정답이 주어진 상황에서 최선의 대안이 아닐 수 있다는 사실이 부각될 때 생긴다. 당사자가 그 상황에 직접 부딪혀 직감적으로 딜레마를 감지했을 때 고민의 깊이는 더욱 깊어진다.

궁리를 거듭하다 궁지에 몰렸을 때 갑자기 궁즉통窮卽通의 원리에 따라 새로운 대안이 창발적으로 드러나기도 한다. 딜레마 상황에서의 학습은 사전에 수립된 계획이나 처방된 매뉴얼대로 문제가 풀리지 않을 때, 그래서 상황적 맥락이 요구하는 정보를 임기응변으로 사용할 수 있게 될 때 일어난다. 불확실한 상황에서 뜻밖의 돌파구를 마련하는 방법은 틀어박힌 채 틀에 박힌 발상을 반복하는 것이 아니다. 당연함을 부정하는 뜻밖의 발상을 일삼거나 엉뚱한 상상력을 느닷없이 적용해서 기상천외한 연결이나 조합을 시도하며 시행착오를 겪어보는 것이다. 이 모든 과정은 타성에 젖은 고

1부 편리한 인공지능, 불편한 편파적 진리를 낳는다

---

* 김재인, 「AI 빅뱅」, 동아시아, 2023, 44쪽.

정관념이나 통념을 깨는 동심과 재미있게 놀아보려는 유희 충동을 살리려는 열정에서 비롯된다.

인공지능은 스스로 고뇌하거나 궁리하면서 이전과 다른 가능성을 모색하지 않는다. 오로지 외부에서 문제의식에 노출되었거나 실행명령을 받았을 때 본격적으로 문제해결을 위한 대안을 모색한다.

인공지능의 학습은 심각한 분노나 풀리지 않는 문제를 끌어안고 밤잠을 설쳐가면서 고뇌를 거듭하는 가운에 일어나는 것이 아니다. 아무리 탁월한 학습 능력을 갖고 있어도 인공지능은 그 능력으로 무엇을 왜 해결해야 하는지, 그걸 해결함으로써 자신의 학습 능력은 이전보다 어떤 점에서 더욱 신장하는지, 더 근본적으로는 그런 능력의 신장이 자신에게 던져주는 시사점이 무엇인지를 비판적으로 성찰하지 않는다.

논리적이고 기계적인 의미 생산이 의미심장함으로 다가오지 않는 까닭은 이미 통용되는 의미를 주어진 맥락에서 재해석하거나 일리 있는 의미를 문제상황에 적용하면서도 그것이 보편적으로 공감할 수 있는 또 다른 의미로 재창조되는 과정에 담긴 의미를 해석할 필요조차 느끼지 않기 때문이다. 우리는 문제의식이나 열정 없이 외부의 수행명령을 순식간에 해석한 다음 엄청나게 빠른 속도로 인간이 원하는 답을 양산하는 AI의 속도감에 감탄사를 연발한다. 그럴수록 그 성과는 효율적으로 높아지고 있지만 그 과정 안에서 내가 효과적으로 성장하지 않고 있다는 불길한 예감이 든다면 쓸데없는 기우일까.

04

인간지성은 '생성generation' 하지 않고 '생성becoming'한다

성공하는 전문성에는
복잡한 별수와 미지수가 관여된다

농사를 잘 지어서 가을에 풍성한 결실을 거두는 최고의 방법은 존재하지 않는다. 농사를 잘 짓는 농부의 노하우를 정리해서 매뉴얼을 만들었다고 해도 그 매뉴얼이 성공적인 농사를 보장하지는 못한다. 성공적인 농사는 농부 한 사람의 전문성만으로 보장되지 않기 때문이다. 농부는 비가 많이 올 때 논에 가서 물꼬 트기를 통해 벼가 물에 잠기지 않도록 해줘야 한다. 반대로 가뭄이 계속될 때는 물꼬를 막아서 물이 밖으로 흘러나가지 않게 할 필요가 있다. 그렇게 하지 않으면 한 해

벼농사를 순식간에 망칠지도 모른다. 하지만 물꼬만 잘 막고 튼다고 해서 농사가 잘되는 것은 아니다. 어느 한 가지 변수를 성공적으로 통제하거나 조정한다고 해도 또 다른 변수가 생길 수 있기 때문이다. 때아닌 우박이 내리거나 가뭄이 너무 오래 지속되거나 바람이 극심하게 부는 등 인간이 인위적으로 통제하지 못하는 숱한 변수나 미지수의 예측할 수 없는 개입과 관여가 생각지도 못한 결과를 낳기도 한다.

세계 최고의 수술 전문의가 있다고 가정해보자. 그는 오랫동안 다양한 수술을 경험하면서 쌓은 노하우만으로 책 한 권을 쓸 수 있을 만큼 몸에 밴 신체적 수술 전문성이 있다. 하지만 그 수술 전문성을 후배들이 이해할 수 있도록 문서화할 수는 없다. 언어적 진술 자체가 불가능하다. 온몸으로 익힌 수술 전문성은 칼에 닿는 감각적 각성의 차이로 느낄 수밖에 없는 의사의 집도 기술이기 때문이다. 게다가 그 한 사람만의 힘으로 환자를 살릴 수 있는 것도 아니다. 어느 날, 지금 당장 수술하지 않으면 생명이 위태로울 만큼 심각한 병을 안고 있는 사람이 세계 최고의 수술 전문의를 찾았다. 환자의 상태를 확인한 의사는 곧바로 수술하는 것 외에는 환자를 살릴 방법이 없음을 알았다. 그래서 다급히 수술을 결정하고 그 수술에 관련된 의사와 간호사들에게 연락했다. 하지만 수술은 실패로 돌아갔다. 수술을 시작하려고 하는 순간, 마취제가 없었던 것이다. 이처럼 세계 최고의 수술 전문성도 마취제가 없으면 무용지물이 된다.

전문성은 사회적 관계의 합작품이다

두 가지 사례를 통해 배울 수 있는 교훈은 무엇인가? 성공적인 농사는 농부 한 사람의 노력이 아니라 농사에 영향을 미치는 요소나 조건들의 합작품이라는 사실이다. 마찬가지로 수술 전문의의 전문성도 그 의사 한 사람의 개인적 노력의 산물이 아니다. 그가 전문성을 축적하는 과정에 도움을 준 모든 사람은 물론, 도구나 환경이 함께 만든 사회적 합작품이다. 모든 성취가 그렇다. 그 성취를 만들어나가는 과정에 직간접적으로 관여한 사람, 성취가 일어난 환경과 조건, 그리고 도구의 합작품이다. 그래서 아름다운 성과라고 할 수 있다. 누군가는 그것이 자기가 노력해서 만들어낸 결과라고 말하기도 한다. 하지만 혼자서 열심히 한다고 전문성이 축적되는 경우는 거의 없다. 가만히 생각해보라. 오늘날의 내가 어디서 출발했으며, 어떤 과정을 거쳐 여기까지 오게 되었는지를. 이 세상에 존재하는 모든 사람은 다른 사람들 덕분에 존재한다. 서로에게 빚을 진 빚쟁이인 셈이다. 나는 부모님 덕분에 세상에 나왔다. 이런저런 일로 어려운 여건에 처하기도 했지만, 그때마다 많은 사람이 베풀어준 따스한 손길 덕분에 지금까지 잘 살아올 수 있었다. 내가 먹는 모든 음식은 봄부터 씨를 뿌리고 한여름의 비바람과 천둥, 땡볕을 견디며 곡식을 재배한 수많은 농부 덕분이다. 나는 고뇌와 사투를 거듭하며 자신의 체험적 깨달음을 글로 옮겨준 낯선 저자, 그 글을 책으로 만들어낸 이름 모를 편집자와 출판사, 책의 재료가 되는 나무 덕분에 독서를 하며 소중한 지혜를 만난다. 컴퓨터와 필기구, 그리고 하얀 백지도 누군가가 밤잠을 설치며 만들어준 덕분에 내가 편안하게 글을 쓸 수 있다. 어딘가로 편안하게 이동할 수 있는 것도, 목적지에 제때 도착할 수 있는 것도 누군가가 수고와 정성으로 만든 교통수단과 시스템이 있어서다.

내가 사는 집, 내가 지닌 물건, 내가 듣는 음악과 보는 그림, 내가 누리는 세상의 모든 혜택 중에 내가 직접 만든 것은 거의 없다. 내가 살아갈 수 있는 원동력은 나의 의지와 야망이기도 하지만, 이런 타인의 도움과 은혜가 더 크다고 할 수 있다. 내가 얻은 경제적 여유 역시 지금까지 쓴 책을 읽어준 수많은 독자와 내 강의를 듣는 학생들은 물론 대중 강연을 들어주는 청중들 덕분이다. 모든 일은 다 덕분德分에 가능하다. 덕분에 뭔가를 성취할 수 있으며, 덕분에 행복할 수 있다. 사람은 덕분에 태어나 덕분에 살아가고 덕분에 보람과 가치를 창조하는 사회 역사적 관계의 산물이다. 그 덕德을 나누며分 살아가는 '덕분의 미덕'을 몸으로 실천해야 하는 이유다. 공부는 세상의 모든 일이 덕분에 잘되고 있음을 온몸으로 깨닫고 깨달은 바를 실천에 옮기는 방법을 배우는 과정이다.*. 대부분의 성취가 덕분이라는 사실을 깨달을수록 겸손해지고 작은 것이라도 다른 사람과 나누려는 아름다운 마음이 싹튼다.

전문성 또한 아무리 작은 결과라고 할지라도 혼자의 힘으로 만들어낸 외로운 투쟁의 산물이 아니라 함께 더불어 노력해서 만든 합작품이다. 모든 사람이 지녀야 할 하나의 전문성으로서 인공지능을 기반으로 축적되는 문해력 역시 개인적인 역량으로 간주하지 않

* 유영만, 『공부는 망치다』, 나무생각, 2016.

고 관계론적 역량으로 재해석할 필요가 있다. 문해력은 "개인의 머릿속에 쌓여 있는 정적 지식이 아니라 다양한 주체와 관계를 맺는 과정에서 발현되는 역동적 실천"*이자 "특정 공동체와 조직에 분산되어 있고, 상황에 따라 새롭게 조합되며, 구성원들의 문해력 발달과 전인적 성장을 돕는 집단의 역량"**이다.

창의성은 독창성에 영향을 준 변수들의 합작품이다***

문해력에 대한 이런 재정의와 재해석은 인공지능에 대한 개념 변경을 요구한다. 인공지능을 기술적으로 활용하는 방법을 익혀 일의 생산성이나 효율성을 높이는 기능적 리터러시를 넘어 인공지능이 사회경제적·생태적으로 어떤 영향을 미치는지 살펴보고 자신을 둘러싼 관계적 변화를 색다른 관점으로 바라보는 대안적 리터러시로 인식하라는 것이다. 이렇게 개념이 바뀌면 감춰진 세상이 열리면서 세계를 이전과 다르게 이해하게 된다. 개념은 자기 생각과 신념으로 세상을 바라보

---

* 유영만(2016), 위의 책, 51쪽.
** 유영만(2016), 위의 책, 51쪽.
*** 김성우(2024), 앞의 책.

069

는 렌즈이기도 하지만, 세상을 달리 바라보지 못하게 막는 장벽이기도 한 까닭이다.

마찬가지 맥락에서 창의성도 한 개인의 노력으로 생기는 독창성이 아니라 독창성에 영향력을 행사하는 직간접적인 모든 변수의 합작품이 만든 부산물이다. 인류의 진화를 이끈 결정적 원리는 학자마다 주장이 다르지만, 『크리에이티브』라는 책을 쓴 아구스틴 푸엔테스에 따르면 '창의성'이다.* 난국에 처했을 때 대안을 궁리하고 모색하는 것, 그리하여 복잡한 생태계 속의 먹이사슬 안에서 생존 방법을 찾은 것도 창의성 덕분이라고 한다. 하지만 이 책에서 말하는 창의성이란 한 명의 천재나 사업가가 제안하는 독창적인 아이디어가 아니다. 지금까지 사람들은 창의성을 창의적 개인의 특성으로 여겼다. 창의성은 한 개인의 노력으로 습득할 수 있는 전문적인 역량이었다. 창의적인 전문가를 육성하는 방식도 창의적 개인의 특성을 도출해서 교육을 통해 그 능력을 키워내는 패러다임을 따라왔다. 전문가 역시 마찬가지다. 어떤 문제상황에 직면하면 그동안 축적한 전문성으로 독창적인 아이디어를 내서 해

* 아구스틴 푸엔테스, 『크리에이티브』, 박혜원 옮김, 추수밭, 2018.

결하는 창의적 전문가가 각광을 받았다.

창의적인 특성은 개인적인 속성일 수 있지만, 그 속성이 발현되어 한 개인이 창의적인 전문가로 인정받는 과정은 개인적이지 않다. 아무리 창의적인 전문가라고 할지라도 해당 공동체나 조직에서 그 창의성을 인정하지 않거나 거부할 경우, 창의적 전문가의 아이디어는 실현되지 않는다. 아인슈타인과 같은 천재 과학자도 그 창의성을 인정받지 못한다면 위대한 업적이나 색다른 성취를 만들어나갈 수 없다. 아인슈타인이 독창적인 과학자로 남은 것은 그 사람의 독창성을 사회가 수용하고 인정했기 때문이다.

창의성은 이제 독창성獨創性이 아니라 협창성協創性이다

『크리에이티브』라는 책에서 주장하는 창의성도 집단적인 능력이다. 그 능력은 시간과 공간을 넘나들며 다양한 환경이나 제도 또는 문화나 시스템 내에서 일어나는 고도의 협력이나 상호작용을 바탕으로 문제를 해결하고 상상을 실현하는 과정에서 발현된다. 인공지능의 창의성은 사람이 던진 질문의 답을 찾아 나서는 여정에서 수많은 데이터를 수평적으로 융합해내는 독창성의 산물로 해석된다. 하지만 인간지성이 생각하는 창의성은 개인의 노력으로 생기는 독립적이고 자생적인 능력이 아니다. 그것은 위기를 맞닥뜨려도 쉽게 포기하지 않고 가용한 자료나 도구 또는 지식을 활용하며 시행착오를 거듭하면서 우여곡절을 겪는 가운데 발현된다. 혼자가 아니라 함께 생각하고 실험하며 주변 환경적 요인과 영향력을 주고받으면서 더 좋은 대안을 모색하는 동안 축적되는 시간과 공간과 인간의 합작품이라 할 수 있다. 따라서 창의성은 이제 독창성獨創性에서 협창성協創性으로 바뀌어야 한다.

개인이 창의적이라고 해서 조직도 창의적인 것은 아니다. 조직의 여건이나 시스템 또는 제도와 문화가 이를 수용하지 않을 때 개인의 창의성은 사장死藏된다. 그래서 창의적인 전문가가 번창하기 위해서는 리더십도 창의적이어야 한다. 리더가 받아주지 않으면 전문가의 창의성도 무용지물이 되고 만다. 나아가 창의성이 협창성으로 전환되어야 하는 이유는 이처럼 창의성 개발에 영향을 미치는 사회제도나 시스템, 조직문화나 리더십이 함께 상호작용하면서 생긴 협동의 산물이기 때문이다. 한 전문가가 창의적일 수밖에 없다면 그 사람에게 직간접적으로 미치는 영향력이나 사회적 관계

덕분이다. 창의적이지 않으면 생존하기 어려운 환경인 것이다. 과거의 전문가는 개인적인 노력만으로도 창의적인 전문가가 될 수 있었다. 하지만 미래 사회가 요구하는 전문가는 다르다. 이제 전문가는 스스로 독창성을 키우기 위해 노력하는 한편, 모두가 창의적인 전문가로 거듭날 수 있는 사회적 관계나 문화적 토양을 조성하는 사람이 되어야 한다.

인간지성은 인공지능을 포함, 모든 행위자와의 상호작용의 산물이다

창의성을 독창성이 아니라 협창성의 산물로 해석하는 관점은 인공지능을 단순한 도구로만 생각하는 수단-방법적 접근의 한계를 넘어선다. 인간만 주체적인 학습 능력을 갖고 있다고 생각하는 오만한 발상에서 벗어나 인공지능을 비롯한 수많은 비생명체도 인간 학습자는 물론 다른 비생명체와 서로 다른 영향력을 주고받을 수 있는 관계로 파악할 때 인공지능이 포함된 생태계는 새로운 지평을 열어갈 것이다. 예를 들면 스피드 범퍼를 보고 대부분의 운전자는 속도를 줄인다. 스피드 범퍼가 비생명체임에도 불구하고 생명체인 인간이 속도를 줄이라는 스피드 범퍼의 명령에 따른 셈이다. 책을 읽고 싶지 않았는데 책상 위에 놓인 책이 나에게 자신을 읽어달라 호소하고, 글을 쓰고 싶지 않았는데 만년필과 메모장이 나로 하여금 뭔가를 쓰게 만든다. 이처럼 세상의 모든 존재는 다른 존재와 연결되어 서로 영향력을 주고받으면서 능력을 개발하고 안목과 식견을 넓혀나간다. 인간지성은 세상을 지배하고 통제하는 유일한 능력이 아니다. 인간지성에 직간접적으로 연결되어 있는 모든 생명체와 비생명체 역시 인간지성에 영향을 미치는 사회적 관계나 네트워크의 한 부분이다. 인간만을 행위의 주체로 두지 않고 인간을 제외한 생명체는 물론 비생명체도 서로 영향을 주고받으면서 어떤 관계를 맺는지에 따라 존재의 의미와 가치가 달라진다는 입장이 프랑스의 철학자 브뤼노 라투르의 행위자 연결망 이론actor-network theory, ANT*이다.

브뤼노 라투르가 제시하는 ANT는 인간중심적 사고방식에서 벗어나 인간과 비인간(기술 포함)이 수평적 네트워크상에서 상호작용하며 서로가 서로에게 영향을 미친다는 주장을 담고 있다. ANT에 따르면 인간을

　* 브뤼노 라투르, 『인간·사물·동맹』, 홍성욱 엮음, 이음, 2010.

포함한 모든 존재가 네트워크 안에서 상호 영향을 미치는 '행위자'로 발돋움한다. 인공지능과 같은 기술도 행위자로 부각되기 때문에 ANT에 비추어 볼 때 기술과 인간의 경계 역시 모호해질 수밖에 없다. 이제 인간이 인공지능을 일방적인 수단이나 도구로 사용하는 수단-방법적 관점에서 벗어나야 한다. 인공지능과 상호작용하는 가운데 인간도 인공지능으로부터 영향을 받을 수 있다는 ANT 관점으로의 전환이 필요하다. 인간이 던진 질문에 대한 인공지능의 답변을 보고 인간은 성격이 다른 질문을 던져 다른 대답을 요구하고, 그런 질문을 받은 인공지능은 이전과 다른 대안적인 답을 찾아 다시 인간에게 제시하면서 서로가 서로에게 영향을 미치는 행위자로 작용하는 것이다.

ANT에 따르면 모든 존재는 관계나 네트워크 안에 존재하는 것이지 그 밖에 존재하는 것은 아무것도 없다. 예를 들면 이 글을 쓰고 있는 지금 이 순간도 ANT라는 이론을 공부한 나의 입장과 주장을 언어라는 매개체로 벼리고 벼리면서 손가락으로 노트북 키보드를 두드려 한글 워드 파일에 문장을 건축하는 과정이다. 전혀 생각하지 못했던 아이디어가 안개 속에 잠겨 있다가 한 문장을 한글 워드로 쓰는 순간, 그 문장에서 연상되는 다른 생각이 담긴 문장을 불러온다. 하얀 백지에 수많은 개념과 개념이 연결되면서 글이 완성된다. 한 편의 글이 탄생하는 과정에도 글을 쓰는 작가는 물론, 그가 사용하는 노트북과 다른 메모 도구, 한글, 주변 조명이나 분위기와 같은 환경이 얽혀 있는 네트워크 속에서 창발적 상호작용이 일어난다. 만약 세종대왕이 한글을 창제하고 문법을 생성하지 않았다면, 만약 철학자가 우리가 모르는 개념을 창조하지 않았다면, 만약 누군가가 노트북을 만들지 않았다면, 만약 또다른 누군가가 발전소에서 전기를 만들어내지 않았다면 나의 글쓰기 능력은 생겨나지 않았을 것이다. 인공지능의 분석 능력과 인간의 창의력, 그리고 윤리적 판단을 통합하고자 하는 노력 속에서 인간과 기술의 상호작용은 단순한 명령과 순응의 관계가 아닌 복잡하고 역동적인 관계로 변화한다. 질문을 하면 수평적 데이터망에 걸려드는 데이터를 생성해 인간이 원하는 정답을 찾아주는 인공지능과는 다르게, 인간지성은 주어진 문제를 해결하기 위해 기존 데이터를 활용하는 노력은 물론 자신과 연결된 모든 네트워크와의 부단한 상호작용을 통해 예상 밖의 단서를 연결시켜 해답을 찾아간다. 언제 어디서 어떤 데이터와의 우발적 마주침을 통해 깨우침이 일어날지는 사전에 예측할 수 없다. 그 점이 인간지성의 독특한 불확실성이자 무한한 가능성이다.

인간지성은 우발적 마주침과 이연연상이 낳은 깨우침이다

인간지성은 인공지능과 달리 다른 행위자와 지속적으로 소통하고 협력하면서 미지의 세계를 탐구하는 앎의 깊이와 넓이를 심화하고 확장시켜왔다. 지능은 시스템 내에 저장된 수많은 데이터와 데이터 '사이에서 고르기inter-legere'를 의미한다. 지능의 본질적 의미에 비추어 볼 때 인공지능은 수평적으로 산재한 기존 데이터를 기반으로는 무한 확산이 가능하다. 하지만 외부의 다른 인공지능과 연결될 자유는 철저하게 차단되어 있다. 따라서 언제나 시스템 내재적 사고를 할 뿐이다. 즉 인공지능은 수평적으로 존재하지 않는 데이터를 떠올리거나 무언가를 모르는 상태로 그냥 내버려두지 못한다. 바로 이 지점에서 인간지성과의 근본적인 차이가 생긴다. 인공지능은 모르는 것을 모르는 상태로 둘 수 있는 능력이 없다. '무엇인지 알 수 없는 것이 있다'라는 사실을 받아들일 수 있는 것은 인간의 지성

뿐이다.* 인간지성은 미지의 세계가 있다는 불확실한 사실을 인정하며, 불안감 속에서도 두려움에 떨지 않고 진리의 불빛을 찾아 탐험하기를 포기하지 않는다. 지성을 개발하려면 뭔가를 알았다고 생각하고 안주하기보다 뭔가를 모르는 불안 속에서 사고하는 부담을 견디는 것이 효과가 있다.**

자신이 몸담은 네트워크 속의 무한한 존재들과 부단히 상호작용하며 불현듯 다가오는 우발적 깨우침을 축적해나가는 노력이 인간지성의 가장 소중한 미덕이다. 인간지성은 무언가를 모르고 있다는 불안 속에서도 기존의 앎에 안주하지 않는다. 이전과 다른 방법으로 미지未知의 상태를 기지既知의 상태로 바꾸기 위해 끊임없이 노력한다. 기존 데이터를 근간으로 작동하는 인공지능과 다르게 한 번도 만나보지 못했던 데이터와 우발적으로 마주치면서 본래 의도에 없었던 방향으로 무한 확산이 가능하다. 특히 관계없다고 생각되는 두 가지 이상을 연결해 뜻밖의 결과를 폭주하듯이 쏟아내는 이연연상 능력이 탁월하다. 알고리즘으로 계획된

* 박동섭, 『심리학의 저편으로』, 두번째테제, 2024, 15쪽.
** 우치다 다쓰루, 『무지의 즐거움』, 박동섭 옮김, 유유, 2024, 158쪽.

수학적 논리를 따라가는 인공지능에게는 찾아볼 수 없는 능력이다.

헝가리 출신 소설가이자 저널리스트인 아서 쾨슬러가 만든 조어 '이연연상二連聯想, bisociation'은 서로 관련 없다고 생각하는 두 개의 요소 이상을 무작위로 연결해 상상하거나, 전혀 무관하다고 생각하는 두 가지 이상의 사고패턴으로 생성된 요소들을 기반으로 또 다른 패턴을 계속해서 만들어내는 창의적 연상이다. 그는 저서 『창조의 행위』*에서 창의적 상상력을 구성하는 여러 요소 중 이연연상을 제시했다. 이연연상은 모호했던 생각을 적절하고 창조적인 개념의 형태로 만들어 단선적 사고에서 벗어나게 하는 이론이다.

지금까지 이연연상으로 이룬 창의적 성과는 한 개인의 뇌에 기억되지 않고 그 개인이 몸담고 있는 집단이나 공동체에 하나의 문화적 관습이나 시스템으로 저장되었다. "내가 더 멀리 보았다면 이는 거인들의 어깨 위에 올라서 있었기 때문이다"라는 아이작 뉴턴의 말처럼 인간은 기존의 창의적 성취물을 기반으로 이전과 다른 창의적 성취물을 계속해서 창작한다. 이와 같

---

* Arthur Koestler, *The Act of Creation*, One 70 Press, 2014.

은 행위가 이전 세대로부터 전승되고 다음 세대로 전달되는 과정에서 집단의 기억이 생긴다. 공동체 문화는 그 기억을 기반으로 성장하며 발전하는 것이다. 인간지성은 다른 행위자와 지속적이고 우발적인 협력을 통해 최초에 부각된 창의적 아이디어를 강화하는 과정에서 시행착오를 겪기도 하며, 그 시행착오를 통해 어제와 다른 창의적 성취물을 반복해서 만들어낸다. 인간 이외의 다른 행위자와 협력적으로 상호작용하지 않으면 이연연상을 통한 창의적 성취는 집단이나 공동체로 전승되지 않고 개인의 기억 속에서 사장된다. 나무뿌리가 언제 어디서 어떤 뿌리와 우연히 마주칠지 알 수 없는 것처럼, 인간 행위자의 창의적인 노력은 미지의 세계로 뻗어나가며 다른 행위자와의 예측할 수 없는 만남을 통해 계속 확산되고 심화될 것이다.

인공지능은 '생성generation'하고
인간지성은 '생성becoming'한다

생성형 인공지능Generative은 과연 '생성generation'하는가? 여기서 말하는 '생성'은 기존 데이터를 분석하고 학습하여 이전에 없던 텍스트, 이미지, 오디오, 동영상

등과 같은 새로운 데이터를 만들어내는 능력을 뜻한다. 인공지능은 데이터와 데이터를 편집하고 뒤섞어 새로운 데이터를 생성하는 과정에서 머뭇거리거나 뒤돌아보지 않는다. 자동화된 알고리즘에 따라 데이터 패턴을 쫓아가며 단순히 예측하고 만드는 일에 집중할 뿐, 왜 다른 데이터가 아니고 이 데이터를 지금 여기서 편집해 제3의 데이터를 만들어내는지에 대한 문제의식이나 고뇌가 없다. 생성형 인공지능에서 생성의 진정한 의미는 발전소Power Plant의 발전기Electric Generator가 전기를 만드는 것에 비유할 수 있다. 확률적 연결 가능성이 높은 데이터와 데이터를 합성해 거의 자동적으로 또 다른 데이터를 생산하는 것이다. 이런 점에서 생성형 인공지능은 데이터 발전소에서 데이터라는 전기를 양산하는 데이터 발전기 같다. "생성becoming 없는 '생성generation'의 확산을 경계"*해야 하는 까닭이다. 그런데 생성은 일정한 변화 과정을 통해 이전과 다른 새로운 존재가 된다는 뜻도 갖고 있다. 『인공지능은 나의 읽기-쓰기를 어떻게 바꿀까』에 따르면 이때의 '생성'은 생성형 인공지능의 '생성generation'이 아니라 이전 상태와

---

* 김성우(2024), 앞의 책, 69쪽.

다르게 변화되기를 의미하는 '생성becoming'이다. 즉 '생성generation'이 '만들기'라면 '생성becoming'은 '되기'다.

인공지능이 뭔가를 생성하는 동안 나에게는 아무런 변화도 일어나지 않는다. 나는 변함 없이 그대로인데, 인공지능은 기존 데이터를 편집하고 연결해서 순식간에 엄청난 양의 데이터를 생산한다. 내가 한 공동체에 들어가 문화적으로 적응하면서 기존 멤버들과 비슷한 문화적 정체성을 습득하는 과정은 '되기becoming'를 통해 어제와 다른 모습의 나로 거듭나는 일이다. '되는' 동안 다양한 문화적 갈등을 겪고 의견이 다른 사람과 충돌하기도 한다. 그런 일을 몸으로 겪으면 나름의 깨달음을 얻는다. 인공지능에게 그 사연과 배경, 맥락 정보를 주고 몇 가지 키워드와 함께 글을 써달라고 부탁하면 어떻게 될까. 직접 쓴 글과는 그 과정에서부터 차이가 있을 것이다. 글을 쓰다 보면 복잡했던 생각이 체계적으로 정리되고 일정한 구도로 구조화되기도 한다. 내가 겪었던 사건과 사고를 떠올리며 적확한 단어를 고르는 노력도 필요하다. 몸으로 느낀 감정을 표현하기 위해 동사와 그 동사를 강조할 부사를, 동사의 주체인 명사와 명사를 수식하는 형용사를 선정하는 과정 자체가 엄청난 '생성becoming'이다. 유사하거나 대조되는 단어들을 비교하고 분석하면서 문제의식이 정련되고 목적의식도 재정립된다. 조금 전의 나와 다른 존재로 변신을 거듭하며 변화하는 셈이다.

인공지능의 '생성generation'과 인간지성의 '생성becoming'은 근본적으로 다르다. 인공지능은 생각하는 과정을 거치지 않고 데이터 패턴과 확률적 유사성에 따라 무작위로 단어를 배치해 문장을 만든다. 단어를 선정하고 문장을 건축하는 과정에 어떤 문제의식이나 목적의식도 개입되지 않는다. 인공지능이 생성하는 동안 인간지능은 머리를 쓰지 않고 기다리거나 딴짓을 한다. 질문하고 명령한 인간지능이 침묵을 지키는 사이 인공지능은 그럴듯한 데이터를 빠른 속도로 생산한다. 하지만 이러한 생성형 인공지능의 '생성generation'은 사실 그 어떤 변화도 동반하지 않는다. 즉 진정한 변화를 통해 이전과 다른 모습으로 거듭나는 '생성becoming'은 전혀 일어나지 않는다. 이런 의미에서 김성우 저자는 생성형 인공지능이 대중화될수록 우리가 가장 경계해야 할 현상은 '생성 없는 생성generation without becoming'이라고 단언한다. '생성generation'이 질문에 따라 논리 기계가 편집한 생산성의 산물이라면 '생성becoming'은 몸이 개입되는 신체성의 산물이다. '생성generation'은 글을 쓰는 사람의 인간적 고뇌와 문제가 거세되고 특별한 사연이나 배경, 즉 콘텍스트 없이 데이터로 편집·가공된 텍스트 메시지의 합성이지만, '생성becoming'은 저자의 눈물과 땀이 씨줄과 날줄로 엮여 정신노동과 육체노동이 융복합된 합작품이다.

되는becoming 과정에서는 끊이지 않는 고뇌와 몸이 구체적인 현장성과 만난다. 방대한 빅데이터를 기반으로 텍스트를 대량 양산하는 생산성이 그것을 대체하기 시작하면서 콘텍스트와 무관한 허망한 텍스트가 난무하게 되었다. 그렇게 만들어진 텍스트가 글쓰기의 효율성을 대변할 때, 느리고 더딘 비효율적 과정에서 흘리는 땀과 눈물에 젖은 문장 건축 노동의 진정한 의미는 사라지기 시작한다. '생성generation'의 속도가 '생성becoming'의 밀도를 압도할 때 우리들의 깊이 읽기와 쓰기는 물론, 살아 숨 쉬는 에토스가 담긴 내러티브는 실종될 수밖에 없다. 지금 우리에게 필요한 위기의식이다.

—

2부

틀 밖의 질문이
뜻밖의 관문을
열어간다

그물이 바뀌면 잡히는 고기가 바뀌듯이, 질문의 그물을 바꾸면 거기에 걸리는 답도 바뀐다. 호기심을 기반으로 던지는 전대미문의 질문이 한 번도 가보지 못한 낯선 관문을 열어준다. 질문은 넘을 수 없는 '벽'도 '문'으로 바꾸는 마법의 '열쇠 Key'다.

01

인공지능을 능가하는
네 가지 인간지성

인간지성에는 인공지능을 능가하는 네 가지 능력이 있다. 첫 번째는 호기심을 가지고 질문하는 능력이다. 단순한 질문은 인공지능이 더 잘한다. 하지만 호기심을 가지고 질문하는 능력만큼은 인간을 따라잡기 어렵다. 호기심은 동심에서 나온다. 아빠와 함께 길을 걷던 한 아이가 나무를 찍는 딱따구리를 보고 물었다. "아빠, 저렇게 나무를 찍는데 딱따구리는 왜 두통이 안 생길까?" 아빠는 "딱따구리가 나무를 찍는 건 당연한 거야"라고 대답했다. 아이는 상처를 받았고, 그 뒤로 아빠에게 더 이상 질문을 던지지 않았다. 사르트르는 "아버지가 아들에게 해줄 수 있는 유일한 선물은 일찍 사망하는 것"이라는 명언을 남겼다. 아버지의 존재가 아들의 창의성에 미치는 영향력이 생각만큼 높지 않다는 반증이다. 아이들의 호기심을 응원해주는 부모가 필요하다는 말이기도 하다. 호기심을 가지고 질문하는 능력이야말로 인간이 갖고 있는 독특한 고유함이다.

두 번째는 공감 능력이다. 공감 능력은 타인의 아픔을 가슴으로 사랑하는 능력이라고 말할 수 있다. 여기서 중요한 것은 머리로 생각하는 게 아니라 가슴으로 사랑해야 한다는 점이다. 머리로 생각하는 능력, 즉 논리적으로 생각하는 능력은 인공지능이 인간을 거의 따라잡았다. 생각하는 능력은 언제나 중요하지만, 앞으로는 특히 가슴으로 생각하는 능력이 중요하다. 가슴으로 타자의 아픔을 느끼는 측은지심은 오로지 타자의 입장이 되어봐야 알 수 있다. 그래서 공감 능력은 머리로 배우는 게 아니라 몸으로 익히는 덕목이다. 인공지능은 몸이 없기 때문에 공감 능력을 가질 수 없다. 만약 갖는다고 해도 빅데이터를 학습해서 패턴을 따르는 반응을 보여줄 뿐이다.

인간은 타인의 아픔을 가슴으로 포착한다. 그리고 그 아픔을 치유하기 위해 이런저런 방법을 떠올리고 연결하며 상상력을 발휘한다. 이러한 창의적인 상상력이 인간지성의 세 번째 능력이다. 상상력은 밑도 끝도 없이 생각만 반복하는 공상이나 허상, 망상이나 몽상과는 근본적으로 다르다. 상상력은 철저하게 타자의 아픔이나 현장의 실천적 고민에서 출발하며, 창의적 상상력은 이질적인 두 가지를 연결해 생각하는 이연연상 능력에서 시작된다.

창의적인 상상력에서 나온 최종 결과물은 아이디어다. 하지만 아이디어만으로 세상은 바뀌지 않는다. 무언가를 바꾸기 위해서는 실천해야 한다. 문제상황에 몸을 던져 이런저런 시행착오와 우여곡절을 겪다 보면 아이디어가 현장에 구현되면서 그 경험이 내 몸에 남아 실천적 지혜가 생긴다. 실천적 지혜는 논리적 사유의 산물이 아니다. 딜레마 상황에서 의사결정을 하고 과감하게 실행하는 경험을 통해 자연히 체득되는 것이다.

생각의 빅뱅, 인테러뱅 ?

? 이것은 인테러뱅interrobang이라는 문장 부호다. 물음표와 느낌표가 합쳐진 것으로, 의문 경탄 부호라고도 한다. 어제와 다른 느낌표를 찾으려면 어제와 다른

물음표를 던져야 하는데, 우리는 어제와 비슷한 질문을 던져놓고 어제와 다른 답을 찾는다. 어제와 다른 의문을 품으면 어제와 다른 감동이 온다. 이번 장의 핵심은 저 인테러뱅 속에서 생각의 빅뱅을 찾아가는 탐험이다.

호기심 기반 질문 능력: 정답보다 질문

호기심, 그리고 호기심에서 나오는 질문은 얼마나 중요하며 왜 중요할까? 어떻게 하면 우리는 호기심으로부터 출발하는 질문을 던지고 자신이 찾아내고자 하는 문제의 핵심을 탐구해나갈 수 있을까?

메리 올리버의 『휘파람 부는 사람』*에는 이런 말이 나온다. "우주가 우리에게 준 두 가지 선물이 있는데, 하나는 '사랑하는 힘', 하나는 '질문하는 능력'이다." 사랑하는 힘과 질문하는 능력은 서로 다르지 않다. 사랑하는 사람이 생겼다고 가정해보자. 그 순간, 상대방에게 궁금한 점이 폭발적으로 생겨날 것이다. 사랑이 깊어질수록 호기심을 바탕으로 한 질문은 기하급수적으

* 메리 올리버, 『휘파람 부는 사람』, 민승남 옮김, 마음산책, 2015.

로 늘어난다. 집에는 잘 들어갔는지, 비 오는 날 우산은 갖고 출근했는지, 아침에 밥은 먹었는지, 집에 땅은 얼마나 있는지, 이런 것이 다 궁금하다. 그런데 어느 순간부터 밥을 먹든지 잠을 자든지 땅을 팔아먹든지 관심이 없어진다. 애정이 식으면서 질문도 사그라들기 시작하는 것이다. 정희진 작가는 「정희진의 어떤 메모」라는 『한겨레』 연재 기사에서 "사랑의 끝은 질문이 없어진 상태다"라는 말을 했다. 그러니까 사랑과 질문은 두 가지 능력이 아니라 한 가지 능력이다. 참 재미있지 않은가. 사랑과 질문은 두 가지가 아니라 한 가지라는 사실이. 사랑하면 그냥 질문이 생긴다. 인공지능 시대에는 질문이 중요하다고 한다. 그래서 많은 사람이 어떻게 하면 질문을 잘할 수 있느냐고 묻는다. 질문은 테크닉의 문제가 아니라 사랑의 문제다. 사랑은 질문과 동격이기 때문이다.

"사유하는 행위는 사랑의 행위다." 한병철의 『불안사회』*에 나오는 말이다. 사랑하면 호기심이 생기고, 호기심에서 시작된 질문은 어제와 다른 사유를 낳는다. 사람이든 사물이든 사랑하지 않으면 사유가 시작

---

* 한병철, 『불안사회』, 최지수 옮김, 다산초당, 2024, 112쪽.

되지 않는다. 사유의 전제 조건은 사랑인 셈이다. 하지만 인공지능은 아무것도 사랑하지 않는다. 사랑하지 않는다는 것은 사유하지 않는다는 의미다. 한병철 박사는 사유와 사랑의 관계에서 인공지능이 차지하는 위치를 언급하며 인공지능의 치명적인 약점을 지적한다. "인공지능은 친구도, 연인도 없으므로 사유할 수 없다. 인공지능에게 에로스는 없다. 인공지능에게는 타자를 향한 욕망이 없기 때문이다."* 인공지능이 사유할 수 없는 이유는 지능의 본래 역할에서 찾을 수 있다. "'지능intelligenze'은 여럿 사이에 고르기inter-legere에서 유래한 말이다. 이미 존재하는 옵션들 사이에서 고르는 것이다. 따라서 새로운 것을 만들어내지 못한다. 진정으로 사유할 수 있는 사람은 '지능'적이지 않다. 오로지 사유함으로써만 '완전히 다른 것에 접근'할 수 있다."** 더불어 타자를 향한 욕망이 없기 때문에 당연히 에로스도 없다. 에로스가 없으면 타자를 사랑하고자 하는 욕망이 발생하지 않는다. 사유가 사랑의 행위라면 사랑하지 않는 인공지능은 원천적으로 사유할

---

* 한병철(2024), 위의 책, 114쪽.

** 한병철(2024), 위의 책, 109쪽.

수 없는 것이다.

철학자 알랭 바디우는 사랑을 정치와 연결한다. "정치가 끝나는 곳에 사랑이 시작되고 사랑이 끝나는 곳에 정치가 시작된다." 사랑을 하면 계산을 하지 않는 다는 뜻이다. 사랑은 내가 가지고 있는 것을 기꺼이 베 푸는 행위다. 겨울에 사랑하는 사람이 떨고 있으면 내 가 춥더라도 점퍼를 벗어주는 것과 같다. 정치가 시작 되면 이해타산을 따지면서 계산을 시작한다. '점퍼를 주고 나면 나는 감기에 걸리겠지? 그건 싫은데.' 이렇게 생각하면서 옷을 벗어주지 않기 시작한다면 사랑은 이 미 식은 것이다.

직장인과 장인의 차이도 사랑과 질문으로 재해석 할 수 있다. 메리 올리버식으로 해석하면 직장인은 자 기를 사랑하지 않는다. 그래서 질문이 없어진 사람이 다. 자기를 사랑하는 사람은 많은 질문을 하게 된다. 여 행을 떠나기 전날, 다리가 떨리는지 심장이 떨리는지 생각해보자. 아마도 너무 설레서 심장이 떨릴 것이다. 월요일 아침에 출근할 때는 어떤가? 다리가 떨릴까, 아 니면 심장이 떨릴까? 다리가 떨릴 것이 분명하다. 그만 큼 출근하기 싫은 것이다. 자기 일을 사랑하지 않는 직 장인은 일을 더 잘하는 방법을 알아내려 하지 않는다.

사랑하지 않기 때문에 질문이 사라지고, 질문하지 않기 때문에 틀에 박힌 방식으로 일하게 된다. 출근하기 싫은 이유는 아무런 질문 없이 하던 일을 반복하는 노동이 싫어서다. 직장인에게 일터는 노동의 현장이다. 그곳에서 직장인의 몸과 마음은 분리되어 있다. 몸은 회사에 있지만 마음은 치킨집이나 야구장에 가 있는 식이다. 당연히 일에 몰입이 되지 않는다. 몸과 마음의 사이가 벌어진 노예로 살아갈 뿐이다.

몸과 마음이 하나가 되어 일에 열정적으로 몰입하는 방법은 하나다. 그것을 사랑하면 된다. 그러면 질문이 생기고 어제와 다른 방법으로 일하기 위해서 궁리에 궁리를 거듭한다. 일터를 놀이터로 여긴다. 그래서 장인은 몸과 마음이 항상 가깝다. 몸과 마음이 분리되어 자기 일을 사랑하지 않고 질문이 없어진 노예가 되고 싶은가? 몸과 마음이 혼연일체가 되어 자기 일을 사랑하면서 질문을 던지는, 인생의 주인이 되고 싶은가? 후자를 원한다면 자신의 일을 사랑해보라. 거기에서 엄청난 일이 시작된다.

02

사랑하면 질문이 쏟아지고
혁명이 시작된다

낙하산을 만드는 회사의 사장에게 고민이 하나 있다. 제품의 품질을 개선하고 불량률을 줄이기 위해 첨단 경영혁신 기법을 도입해도 낙하산의 불량률이 떨어지지 않는다. 그런데 낙하산의 불량률은 인간의 생명과 직결된 것이 아닌가. 고심 끝에 그는 헬리콥터 한 대를 몰고 왔다. 직원들을 모두 헬리콥터에 태운 뒤 자기가 만든 낙하산을 가지고 뛰어내리는 테스트를 실시하기 위해서였다. 그날부터 불량률은 제로가 됐다. 목숨 걸고 낙하산을 만든 결과다. 사람은 목숨이 걸리지 않은 일에는 절대로 목숨을 걸지 않는다. 최첨단 경영혁신 기법으로도 해결되지 않는 불량률이 갑자기 제로가 된 까닭을 생각해보자. 직원들이 죽지 않으려고 낙하산을 꼼꼼하게 만든 덕분이다. 자기 목숨이 걸리지 않았다고 해서 일을 대강 처리하는 사람은 자기 일을 사랑하지 않는 사람이다. 이런 사람의 가장 중요한 특징은 질문을 던지지 않는다. 반대로 자기 일을 사랑하는 사람은 계속해서 질문을 던진다. 일을 더 잘하는 방법을 자발적으로 연구하고 개발해낸다.

자신이 몇 살까지 살지 아는 사람은 없다. 언제 죽을지 모르기 때문이다. '당분간은 지금 다니는 회사에 계속 다닐 것'이라는 문장에서 당분간이라는 말은 모두가 인정하는 기간일 것이다. 언제까지 다닐지는 모르겠지만 당분간 다닌다는 사실은 확실한 까닭이다. 몇 년이나 더 살지 알 수 없고, 당분간은 지금 다니는 회사에 다닐 거라면 어떤 마음으로 다녀야 할까? 다리 떨지 말고 심장 뛰는 마음으로 출근해서 회사에 다니는 '당분간'만이라도 지금 하는 일이 마치 나의 일이라고 생각한다면 지금보다 훨씬 좋은 성과를 거둘 수 있다. 그뿐만 아니라 일터에서 경험을 통해 배우는 일도 많아질 것이다. 우리는 모두 죽음이 찾아오는 때를 모른다. 이 책이 너무 감동적이어서 독서를 하다가 죽을 수도 있다. 그러니 뭔가를 할 거면 목숨 걸고, 어제와 다르게, 재미있고 신나게, 자기를 사랑하면서, 인생의 주인으로 살자.

4차 산업혁명 시대를 맞아 질문을 잘하는 인재를 길러내기 위해 나는 학생들이 기말고사 문제를 출제하게 만든다. 채점도 직접 하도록 한다. 학생들은 직접 문제를 내고, 답을 쓰고, 채점한다. 학점도 본인이 부여한다. 정말 파격적인 제도다. 그런데 지금껏 나를 놀라게 만든 전대미문의 질문을 만난 적이 거의 없다. 학생들의 문제는 거의 99.99퍼센트 틀에 박혀 있다. 왜 이렇게 됐을까? 우리는 이제까지 정답을 찾는 교육을 했다. 문제를 내는 교육은 받아본 적이 없다. 하지만 인공지능에게 당하지 않으려면 정답을 찾지 말고 문제를 내야 한다. 앞으로의 세상은 질문하는 사람이 이끌어간다. 질문이 많으면 불가능에 도전할 수 있고, 불가능에 도전하면 혁명이 일어난다. 삶의 혁명을 일으키는 방법은 바로 사랑이다. 사랑하고, 호기심을 갖고, 질문을 던지고, 더 잘하는 방법을 찾기 위해 궁리에 궁리를 거듭하면서 불가능하다고 생각했던 것에 도전할 때 비로소 혁명이 일어나기 시작한다.

개미 다리는 여섯 개다. 그렇다면 지네의 다리는 몇 개일까? 정확히 모르지만, 무척 많다. 어느 날 개미가 지네에게 질문을 던졌다. "지네야, 너는 걸어갈 때 수많은 다리 중에서 어떤 다리를 첫발로 내딛니?" 지네는 깜짝 놀랐다. 한 번도 그런 생각을 해본 적이 없기 때문이다. 그동안 아무 생각 없이 걸어 다닌 것이다. 많은 직장인이 그렇게 회사를 오간다. 아침에는 허겁지겁 출근하고 저녁에는 멍하니 퇴근한다. 지네 같은 인생이다. 지네 같은 인생을 사는 사람을 달라지게 만드는 방법은 개미처럼 전대미문의 질문을 던지는 것이다. 그런 질문을 받으면 가던 길을 멈춰서서 생각하기 시작한다. 우리는 계속 질문을 던져 어제와 다른 생각이 자라나게 해야 한다.

챗GPT에게도 모호하거나 막연한 질문을 던지면 안 된다. 무엇을 물어보려는지 구체적인 내용과 핵심을 꿰뚫고 있어야 질문도 날카롭게 던질 수 있다. 자신이 원하는 스타일을 주문할 수도 있다. "아이폰의 마케팅 전략을 카드뉴스 형태로 만들어줘." 그러면 챗GPT가 잘 만들어준다. "소설과 시를 한 편씩 써줘." 그러면 시도 소설도 써준다. 주문은 디테일할수록 좋다. 우리가 정교한 질문을 던지면 챗GPT도 거기에 상응하는 답을 써준다. 결론적으로 자신이 원하는 질문의 핵심과 본질이 무엇인지를 아는 사람이 세상을 이끌어가는 답을 찾아낼 수 있다.

질문한다는 것의 진정한 의미

질문을 바꿔야 답이 바뀐다. 어떤 사람이 하나님에게 이런 질문을 던졌다. "하나님, 기도하는 도중에 담배 피워도 됩니까?" 하나님이 안 된다고 하셨다. 그는 고민하다가 질문을 살짝 바꿨다. "하나님, 그러면 혹시 담배 피우는 도중에 기도해도 됩니까?" 그러자 하나님이 된다고 하셨다. 이처럼 질문을 바꾸면 우리가 원하는 답이 바뀔 수도 있다. 파블로 네루다의 『질문의 책』에는 이런 문구가 있다. "나였던 그 아이 어디에 있을까? 아직 내 속에 있을까? 아니면 사라졌을까?" 교보문고 간판에도 걸렸던 명문이다. 우리도 스스로 질문을 던져보자. 나였던 그 아이는 아직도 내 속에 있을까? 아니면 사라졌을까? 만일 그렇다면 왜 사라진 걸까? 나를 남과 자꾸 비교하기 때문은 아닐까? 그렇다면 내가 잘하는 것, 나와 잘 맞는 적성, 나만이 가지고 있는 재능 등을 찾기 위한 질문을 해보자. 남과 비교하기 시작하는 순간부터 나는 없어진다. 질문을 던져 내 안에서 잠자고 있는 '나였던 그 아이'를 흔들어 깨워야 한다. 내 안에서 잠자고 있는 그 아이가 바로 나다움을 지닌 원본이다.

철학자들도 질문에 관한 많은 생각을 남겼다. 프랑스의 사상가 볼테르에 따르면 "한 사람의 수준은 대답이 아닌 질문 능력으로 판단할 수 있다." 철학자 들뢰즈는 『차이와 반복』*에서 "물음의 역량은 물음이 향하는 대상은 물론이고 그에 못지않게 묻고 있는 자를 위험에 빠뜨리고 자기 자신을 물음의 대상 위치에 놓는다"라고 말하기도 했다. 여기서 우리가 포착해야 할 것은 질문이란 위험한 곳에 위치시키는 일이라는 점이다. 그러니까 질문은 이전과 다른 위험한 경지에 나를 빠뜨리게 만드는 도전이다. 질문은 용기에서 비롯된다. 그 질문이 평지풍파를 일으킬 수도 있고, 전혀 다른 방향에서 낯선 생각을 갖고 올 수도 있고, 가능성의 문을 열어줄 수도 있다. 그것이 위험한 곳에 우리를 데려다 놓을지 모른다. 질문을 잘하는 사람은 용기 있는 사람이다. 질문은 현실에 안주하려는 타성을 흔들어 깨워 낯선 곳으로 탈주하려는 욕망의 출발점이다.

---

* 질 들뢰즈, 『차이와 반복』, 김상환 옮김, 민음사, 2004.

03

전대미문의 질문이
낯선 관문을 연다

낯선 생각을 만들어주는 여섯 가지 질문이 있다.
첫 번째는 고정관념을 깨는 질문, 두 번째는 당연함을
부정하는 질문, 세 번째는 입장 바꿔 생각하는 질문,

1	고정관념을 깨는	누워서 떡 먹기는 과연 쉬울까?
2	당연함을 부정하는	선풍기에는 꼭 날개가 있어야 할까?
3	입장 바꿔 생각하는	소주를 못 마시는 사람에게 소주를 마시게 하는 방법은 없을까?
4	호기심 어린	딱따구리는 나무를 찍어대는데 왜 두통이 안 생길까?
5	배움을 확장하는	주어진 문제상황을 탈출하는 최선의 대안은?
6	엉뚱하게 생각하는	결혼과 양파는 무슨 관계일까?

네 번째는 호기심 어린 질문, 다섯 번째는 배움을 확장하는 질문, 여섯 번째는 엉뚱하게 생각하는 질문이다.

첫 번째, 고정관념을 깨는 질문

고정관념을 깨는 질문이란 무엇일까. 리처드 바크가 쓴 『갈매기의 꿈』*을 보면 이런 말이 나온다. "가장 높이 나는 새가 멀리 본다." 여기 나오는 새는 갈매기다. 이 말을 믿어야 할까? 정말로 가장 높이 나는 갈매기가 멀리 볼 수 있을까? 찾아보니 갈매기는 근시다. 멀리 보지 못한다. 모든 것에 물음표를 던져보자. '저건 과연 맞는 말일까?' 하고 생각해보는 것이다. '누워서 떡 먹기'라는 속담이 있다. 아주 쉬운 일을 비유하는 표현이다. 하지만 누워서 떡을 먹다가는 기도가 막혀 죽을 수도 있다. 이처럼 우리가 믿고 있는 신념도 막상 질문을 던져보면 다르게 보인다. 속담이나 격언도 마찬가지다.

미국 FBI에서 10년 동안 잡지 못한 범인이 있었다. 온갖 수단과 방법을 썼지만, 범인을 찾을 수 없었다. 그

---

* 리처드 바크, 『갈매기의 꿈』, 공경희 옮김, 나무옆의자, 2018.

래서 어느 날 문득 이런 질문을 던졌다. "범인 말고 범인의 애인을 찾아보면 어떨까?" FBI는 그 질문을 던진 지 하루 만에 범인의 애인을 찾았고, 범인은 바로 그 옆에 있었다. 10년에 걸쳐 찾던 범인을 하루 만에 잡은 것이다. 그 비결은 질문을 바꾼 데 있다. "범인이 어디 있을까"에서 "범인의 애인은 어디 있을까"로 질문을 바꾸니 원하는 정답을 찾는 관문이 열렸다. 이렇게 질문의 각도를 살짝만 바꾸면 우리가 원하는 답을 쉽게 찾을지도 모른다.

두 번째, 당연함을 부정하는 질문

두 번째는 당연함을 부정하는 질문이다. 모든 선풍기에는 날개가 있다. 날개가 돌아가며 바람을 일으킨다는 가정을 버리지 않고 선풍기는 혁신의 혁신을 거듭했다. 어떻게 하면 더 좋은 선풍기를 만들 수 있을까? 모터 속도를 높인다, 날개 모양을 바꾼다, 선풍기 디자인을 바꾼다, 소음 없는 선풍기를 만든다 등등의 아이디어가 나왔다. 그러다가 다이슨이 처음으로 이런 질문을 던졌다. '선풍기에는 꼭 날개가 있어야 할까?' 당연함을 부정하는 질문이다. 그 질문의 결과, 날개 없는 선풍기가 나오게 되었다. 우리도 이런 질문을 던져 볼 수 있다. 음식점에는 메뉴가 있다. 그렇다면 이것을 부정하는 질문을 던져본다. 음식점에는 꼭 메뉴가 있어야 할까? 메뉴를 없애면 어떨까? 아마 메뉴 없는 음식점이 될 것이다. 그러면 고객들은 어떻게 주문해야 할까? 굳이 주문할 필요가 없다. 그날그날 주방장이 음식점에 들어오는 고객을 보고 "우리 손님이 오늘 우울해 보이네. 그럼 내가 시원한 냉면 한 그릇 만들어 드릴게요." 하면 된다. 새로운 콘셉트의 음식점이 생기는 것이다. 가정을 없애버리면 혁명이 탄생한다.

당연함을 부정하는 질문을 던져보자. 호텔은 숙박 시설이다. 그러나 경제 불황이 오고 유행성 바이러스까지 돌아서 숙박업이 어려워졌다면 고객에게 다른 무엇을 제공할 수 있을지 생각해야 한다. 호텔에서 잊을 수 없는 추억거리를 만들 수 있다면 어떨까? 호텔업을 숙박업이 아닌 추억 재생업으로 바꾸는 것이다. 보험회사는 보험을 파는 곳이라는 생각을 버리고 대신 안심을 판다고 생각해보자. 에스키모에게 냉장고를 팔자. 냉장고의 용도가 신선식품 보관에서 건강으로 바뀌면 냉장고 판매업도 헬스케어 산업이 된다. 배우자에게 "당신은 우리 집의 최고 재무 책임자Chief Financial

Officer, CFO야"라고 말해보자. 이렇게 업을 정하면 배우자는 주식을 어디에 투자할까, 부동산은 언제 뺄까, 생각한다. 마찬가지로 "당신은 우리 집의 최고 행복 책임자Chief Happiness Officer, CHO야."라고 이야기하는 순간, 배우자는 우리 가정을 어떻게 해야 더 행복하게 만들 수 있을까 고민할 것이다. 이처럼 업의 본질을 어떻게 정의하느냐에 따라 그 사람의 사고방식과 비즈니스 방식이 혁명적으로 바뀐다.

세 번째, 입장 바꿔 생각하는 질문

세 번째는 입장 바꿔 생각하는 질문이다. 상대방과 입장을 바꿔 생각하게 만드는 질문은 측은지심에서 나온다. 타인의 아픔을 사랑할 때 이런 질문이 나올 수 있다.

걸레가 달린 슬리퍼를 본 적이 있을 것이다. 이 슬리퍼를 신고 돌아다니면 자연히 바닥 청소가 된다. 과연 누가 개발한 신제품일까? 머리 좋은 사람일까? 그렇지 않다. 이 슬리퍼는 청소하기 귀찮고, 걸레질하느라 허리가 아프고, 매일 반복되는 집안일에 지친 이들의 아픔을 진심으로 헤아린 사람, 그래서 어떻게 그 아품을 치유할 수 있을까 고뇌하며 상상력을 발휘한 사람이 개발한 혁신적인 청소도구다.

기계는 정답이 여러 개인 모호한 문제를 해결할 능력이 없다. 오로지 정답이 하나인 문제만 맞힐 수 있다. 인공지능은 호기심으로 엉뚱한 질문을 하거나 나에게 손해가 됨에도 불구하고 발 벗고 나서서 타자의 아픔을 치유하는 상상력을 발휘하지 않는다. 인공지능은 타자의 아픔을 나의 아픔처럼 측은지심으로 사랑하면서 그 아픔을 치유하기 위해 다양한 대안적 가능성을 열어놓고 아이디어를 찾아 나서지 않는다.

네 번째, 호기심 어린 질문

네 번째, 호기심 어린 질문은 서두에 언급했다시피 '딱따구리가 나무를 찍어 집을 만드는데 왜 두통이 안 생길까'와 같은 질문이다. 호기심이 사라지면 인간은 점점 늙어간다. 한 아이가 엄마 손을 잡고 과일 가게에 갔다. 가게 주인은 아이에게 앵두 한 움큼 집어서 먹으라고 했지만, 아이는 집지 않았다. 엄마는 "공짜인데 왜 안 먹어?" 하고 아이를 나무랐다. 그랬더니 아이가 이렇게 말했다. "아저씨 손이 더 크잖아요. 아저씨가

집어서 주면 더 많이 먹을 수 있는데 내가 집으면 조금밖에 못 먹잖아요." 아이는 이런 고민을 하고 있었는데 엄마는 공짜임에도 왜 집지 않느냐고 아이를 야단친다. 아이의 상상력은 어른을 능가한다.

폴라로이드 카메라는 어떻게 탄생하게 되었을까? 아빠와 함께 사진을 찍은 세 살배기 딸이 이런 질문을 던졌다. "아빠, 사진은 왜 바로 못 보는 거야? 왜 찍고 나서 한참 기다려야 돼?" 아이의 호기심 어린 질문을 받고 아버지가 만들어낸 제품이 바로 일회용 즉석카메라, 폴라로이드다. 이렇게 아이의 호기심 어린 질문, 즉 동심 어린 질문이 세상을 바꿔나가는 혁명을 일으킨다. 기업으로 따지면 혁신적인 제품을 탄생시키는 원동력이다.

선생님이 사과 열 개 중 세 개를 먹으면 몇 개가 남느냐 물었더니 어떤 학생이 손을 들고 자신 있게 대답했다. "세 개가 남아요!" 그러면서 이렇게 덧붙였다. "엄마가 그러는데 먹는 게 남는 거래요." 이 말을 듣는 순간 폭소가 터진다. 만일 학생이 "일곱 개가 남습니다."라고 대답했다면 아무도 웃지 않았을 것이다. 이게 바로 유머의 비결이다. 웃음은 사람들의 기대를 망가뜨리는 순간 나온다. 인공지능은 좌뇌형이다. 논리적으로

뛰어나지만, 엉뚱한 대답을 해서 사람을 웃기는 능력
은 거의 없다. 유머는 특히 우뇌적 상상력에서 나온다.

호기심에 챗GPT에게 인간의 손가락이 왜 열 개냐
는 질문을 던져본 적이 있다. 챗GPT는 틀에 박힌 답
을 냈다. 유전적 이유로 손가락이 열 개가 되었다는 설
명이다. 전혀 감동적이지 않다. 함민복 시인의 「성선설」
이라는 시를 보면 이런 구절이 있다. "손가락이 열 개인
것은 어머니 배 속에서 몇 달 은혜 입나 기억하려는 태
아의 노력 때문인지도 모릅니다." 정말 대단한 발상과
표현이다. 아이가 열 달 동안 손가락을 꼽고 있다가 세
상으로 나가는 순간을 포착한다는 것이다. 이게 바로
인간만이 갖고 있는 놀라운 상상력이다. 상상력은 무
한하다. 그렇다면 그 상상력의 출발점은 어디일까? 그
것은 타인의 아픔을 느끼는 가슴이다. 인간의 상상력
은 공상이나 허상, 망상이나 몽상하는 도중에 생기지
않는다. 타자의 아픔을 치유하기 위해 밤잠을 설쳐가
며 두 가지 이상을 연속해서 연상할 때 생긴다.

$$\text{초코 파이의 초코 함유량}$$
$$= \frac{\text{초코}}{\text{초코파이}} \times 100 = \frac{100}{\text{파이}}$$
$$= \frac{100}{\pi} = 32\%$$

초코파이의 초코 함유량을 물었더니 이런 답을 내놓는 학생이 나타났다.

초코파이 분의 초코 곱하기 100, 초코끼리 약분하니까 파이 분의 100, 그래서 초코파이 하나당 32퍼센트의 초코가 들어 있다는 계산이다. 인공지능이 이런 계산을 할 수 있을까? 이 학생의 생각은 정상일까, 비정상일까? 물론 비정상이다. 이런 비정상적 사유는 인공지능이 흉내 내기 어렵다.

이그노벨상Ig Nobel Prize이라는 상이 있다. 이 상은 노벨상을 패러디하여 만들어진 상이다. 1991년 미국의 유머 과학잡지인 『기발한 연구 연감Annals of Improbable Research』에 의해 제정되어 현재에 이르고 있다. "반복할 수 없거나 반복해선 안 되는that cannot, or should not, be reproduced"업적에 수여되며, 매년 가을 진짜 노벨상 수상자가 발표되기 1~2주 전에 하버드 대학의 샌더스 극장에서 시상식을 가진다. 이 상의 이름은 '불명예스러운'이라는 뜻의 영어 단어 이그노블ignoble과 노벨Nobel을 합성하여 만들어졌다. 이그노벨상은 호기심과 재미, 상상력을 근간으로 일상의 불편을 해소하기 위해 다양한 아이디어 상품을 제안한 사람에게 주는 상이다. 예를 들면 '단체 사진을 찍을 때 몇 장을 찍으면

눈을 안 감는 사람이 나올까'와 같은 것을 연구한 사람이 이그노벨상을 받는다. 한국인 수상자도 있다. 향기 나는 양복을 개발한 사람, 뜨거운 커피를 흘리지 않고 빨리 나르는 방법에 관한 논문을 쓴 대학원생도 있다. 이그노벨상은 호기심과 상상력의 산물이다.

다섯 번째, 배움을 확장하는 질문

다섯 번째는 배움을 확장하는 질문이다. 질문에는 두 종류가 있다. 심판자의 질문과 학습자의 질문이다. 2년 전에 친구와 자전거로 국토 종주를 한 적이 있다. 섬진강 자전거길에 가기 위해 동서울터미널에서 버스에 자전거를 싣고 떠난 지 세 시간쯤 됐을 때, 갑자기 친구가 버스를 잘못 탔다고 했다. 섬진강에 가려면 전북 임실에 있는 강진면에 가야 하는데, 우리가 탄 버스는 전남 강진으로 가고 있었다. 순간 친구에게 "너는 나이가 몇 살인데 버스표도 똑바로 못 끊냐?"라고 심판자의 질문을 던질 뻔했다. 하지만 나는 학습자의 질문을 던졌다. "우리가 버스를 잘못 탄 건 기정사실이잖냐. 엎질러진 물이니까 어쩔 수 없지. 이 난국을 돌파할 수 있는 아이디어는 없냐?"

심판자의 질문은 야단을 치고 원인을 물으며 질책하는 질문이다. 학습자의 질문은 배움을 확장하는 의도다. 사람과 싸우지 말고 문제와 싸워야 한다. 사람과 싸우면 문제는 개선되지 않고 패배감과 자괴감만 든다. 그런데 문제와 싸우면 그때부터 시간이 문제가 된다. 시간이 지나면 문제를 해결할 수 있는 대안이 떠오르기 때문이다. 심판자의 질문은 끊고 학습자의 질문을 끈기 있게 던지면 문제는 분명 개선된다.

여섯 번째, 엉뚱하게 생각하는 질문

여섯 번째, 엉뚱하게 생각하는 질문은 뱃살과 비무장지대는 무슨 관계인지 물어보는 질문이다. 이런 질문을 던지면 챗GPT는 쉽게 답을 찾지 못하고 한참을 고민한다. 어디서 조사해도 답이 없기 때문이다. "뱃살은 상반신과 하반신에 걸쳐 있는 무책임한 비무장지대"라고 한다. 「"추석이란 무엇인가" 되물어라」라는 칼럼으로 널리 알려진 서울대학교 김영민 교수가 한 말이다. 챗GPT는 이런 답을 하지 못한다. 유추 능력이 결정적으로 약하기 때문이다. 유추는 두 개의 사물이 가진 비슷한 면을 근거로 추리와 추측을 하는 일이다. 결혼은 양파다. 결혼과 양파라니, 둘은 무슨 관계일까? 까도 까도 새로운 게 나오는 것은 양파와 결혼의 공통점이다. 하지만 까도 까도 눈물이 나서 그렇다는 반전도 있다. 익숙한 단어지만 우발적으로 붙이면 엉뚱한 생각이 나온다. '결혼은 로또'라는 말은 어떤가? 왜 로또일까? 맞는 경우가 거의 없기 때문이다. 엉뚱한 연결을 통해 뜻밖의 엉뚱한 생각을 잉태하고 출산하는 일은 인공지능이 인간을 쉽게 따라잡을 수 없다.

높이뛰기를 할 때는 몸을 뒤로 뉘여 넘는 게 정상이다. 하지만 원래는 앞으로 넘는 방법이 정상이었다. 인체의 무게중심은 보통 배꼽 아래 2.5센티미터 지점에 있어 이를 들어 올리는 데 굉장한 힘이 든다. 이게 정상적인 사고의 한계였다. 그런데 1968년 멕시코 올림픽에서 세계 최초로 가로대를 뒤로 넘는 사람이 나왔다. 딕 포스버리라는 선수였다. 포스버리는 올림픽 최고 기록을 경신했다. 그 뒤로 배면뛰기 기술은 이 선수의 이름을 따서 포스버리 플롭 기법이라고 부르게 되었다. 4차 산업혁명 시대에 인공지능을 당황하게 만들려면 비정상적 사유를 기반으로 난생처음 들어보는 질문을 해야 한다. 정상적으로 질문하면 정상적인 대답만 나온다.

디젤이라는 청바지 회사는 이런 광고를 한다. "똑똑한 사람들은 답을 알고 있지만 바보들은 흥미로운 질문을 갖고 있다." 정답을 잘 찾는 똑똑한 사람은 이제 인공지능에게 당할 수 있다. 하지만 엉뚱한 사람은 인공지능에게 쉽게 당하지 않는다. 바보는 지능이 부족한 사람이 아니라 나와 같이 생각하지 않는 모든 사람이다. 흥미로운 질문을 갖고 있는 바보가 답을 알고 있는 똑똑한 사람을 이기는 이유는, 바보는 똑똑한 사람이 전혀 생각지도 못하는 질문을 던지기 때문이다. 질문이 바뀌면 답도 바뀐다. 세상은 정답을 찾는 사람이 바꿔가지 않는다. 질문을 던지는 사람이 이끌어간다.

지금까지 낯선 생각을 만들어주는 여섯 가지 질문에 대해 알아보았다. 전대미문의 질문을 던지면 혁신을 일으킬 수 있는 관문이 뚫린다. 당연하다고 생각했던 것들을 부정하게 되면서 통념이 깨지기 시작한다. 사고방식의 혁명이 일어나고, 사고의 방향이 180도 바뀐다. 결혼과 양파, 뱃살과 비무장지대라는 놀라운 연상 작용이 일어난다. 익숙한 단어의 낯선 조합이 인공지능도 미처 생각하지 못하는 낯선 생각을 잉태하고 출산하게 만드는 출발점이다.

04

질문하는 동안은
동안이다

개미가 지네에게 질문을 던져서 가던 길을 멈춰 서게 만드는 것처럼 질문은 삶의 방향을 재점검하게 만드는 촉발점이다. 2007년에 교통사고를 당해 중태에 빠졌던 적이 있다. 정신을 차려보니 병원이었다. 그때 던진 질문은 이것이었다. 여기가 어디야? 내가 왜 여기에 와 있지? 여기 있는 나는 누구지? 이 세 가지 질문이 나의 정체성에 관한 근본적인 의문이다. 지금 책을 덮고 옆 사람에게 이렇게 물어보자. "당신 누구야? 내가 여기 왜 와 있지? 여기 있는 나는 누구지?" 그러면 상대방은 '얘가 갑자기 돌았나?' 할 것이다. 이런 게 바로 정신을 잃었다가 정신을 차릴 때 던지는, 인간의 근본적인 정체성에 관한 질문이다. 인간을 근본적으로 바꾸는 질문이기도 하다.

지금까지 질문에 대해서 알아보았다. 인공지능 시대, 4차 산업혁명 시대에 인간이 인공지능에게 당하지 않는 가장 강력한 방법은 호기심을 가지고 질문하는 습관이다. 질문의 테크닉보다는 질문이 왜 중요한지, 어디에서 출발해 무엇을 잉태하는지 이야기했다. 사랑을 하면 질문이 생기고, 불가능에 도전하는 혁명이 시작된다는 내용이었다. 구체적으로 고정관념을 깨는 질문, 당연함을 부정하는 질문, 입장 바꿔 생각하는 질문 등을 살펴보았다.

우리는 다시 동심으로 돌아가서 호기심을 가지고 세상을 향해서 질문을 던져야 한다. 그물이 바뀌면 잡히는 고기가 바뀌듯이 질문의 그물을 바꾸면 거기에 걸리는 답도 바뀐다. 어제와 다른 감동의 느낌표를 만나려면 어제와 다른 호기심의 물음표를 던져보자. 궁리에 궁리를 거듭하다가 감동의 느낌표를 찾아야 한다. 감동의 느낌표를 가슴에 품고 퇴근하면 하루가 행복할 것이다. 그런 하루가 모여 일주일, 한 달, 1년이 되면 행복한 삶이 펼쳐질 거라고 생각한다.

정답보다 정확한 질문이 낯선 창문을 연다

"현명한 사람은 정답을 제시하지 않고 정확한 질문을 제기한다." 인류학자 레비스트로스의 말이다. 정확한 질문 속에서 내가 원하는 답이 잉태되기 때문이다. 하지만 우리는 정확한 질문보다 정확한 답을 찾아내는 인재가 우리 사회를 이끌어가는 리더라는 통념을 깨지 못한 채 오랫동안 정답을 찾는 모범생을 길러왔다. 정답을 찾아내는 능력은 인간보다 인공지능이 더 뛰어나다. 인공지능과 차별화되는 인간지성은 정답 찾기보다 핵심을 꿰뚫는 질문을 던지거나 전대미문의 문제를 제기하는 능력에서 발원한다. 정답을 찾아내는 능력보다 정확한 질문을 던지는 능력이 더 중요하다. 질문이 정확하지 않으면 우리가 찾는 정답이나 상황에 따라 다른 의미와 해석이 생기는 해답을 찾을 길이 막막하다. 질문이 정확해야 이제까지 한 번도 만난 적이 없는 창문을 만난다. 그 창문은 나를 새로운 세계로 이끄는 탐문이 시작되는 문이다.

우리 교육 현실은 정답을 잘 찾아내는 인재가 똑똑하고 쓸모 있는 인재라는 통념 속에 갇혀 오랫동안 빠져나오지 못하고 있다. 정형화된 틀과 방식 속에서 사

서가

서울대 가지 않아도 들을 수 있는 명강의

명강

30

다시 태어난다면,
한국에서 살겠습니까

사회과학 이재열 교수 | 18,000원

**"한강의 기적에서 헬조선까지
잃어버린 사회의 품격을 찾아서"**

한국사회의 어제와 오늘을 살펴
문제점을 진단하고 해결책을 제안한 대중교양서

우리는 왜 타인의
욕망을 욕망하는가

인류학과 이현정 교수 | 17,000원

**"타인 지향적 삶과 이별하는
자기 돌봄의 인류학 수업사"**

한국 사회의 욕망과
개인의 삶의 관계를 분석하다!

내 삶에 예술을 들일 때,
니체

철학과 박찬국 교수 | 16,000원

**"허무의 늪에서 삶의 자극제를
찾는 니체의 철학 수업"**

니체의 예술철학을 흥미롭게, 또 알기 쉽게
풀어내면서 우리의 인생을 바꾸는 삶의
태도에 관한 니체의 가르침을 전달한다.

지금, 서가명강 시리즈로 각 분야 최?

서가명강 BEST 3

서가명강에서 오랜 시간 사랑받고 있는
대표 도서 세 권을 소개합니다.

나는 매주 시체를 보러 간다

의과대학 법의학교실 유성호 교수 | 18,000원

"서울대학교 최고의 '죽음' 강의"

법의학자의 시선을 통해 바라보는 '죽음'의 다양한
사례와 경험들을 소개하며, 모호하고 두렵기만
했던 죽음에 대한 새로운 인식을 제시하다

사는 게 고통일 때,
쇼펜하우어

철학과 박찬국 교수 | 17,000원

**"욕망과 권태 사이에서
당신을 구할 철학 수업"**

세상일이 뜻대로 되지 않아 지친 현대인들에게
위로가 되어줄 쇼펜하우어의 소중한 통찰

세상을 읽는 새로운 언어,
빅데이터

산업공학과 조성준 교수 | 17,000원

**"미래를 혁신하는
빅데이터의 모든 것"**

모두에게 영향력을 끼치는 '데이터'의 힘
일상의 모든 것이 데이터가 되는 세상에서
우리는 빅데이터를 어떻게 바라봐야 할까?

처음이야

더 쉽게, 더 새롭게, 더 유익하게!
십 대와 성인이 함께 즐기는
내 인생의 첫 교양 시리즈를 만나보세요.

* 처음이야 시리즈는 계속 출간됩니다.

서가명강 시리즈 38 출간!

100세 시대를 준비하는 생명과학 필독서

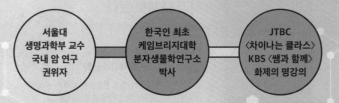

서울대
생명과학부 교수
국내 암 연구
권위자

한국인 최초
케임브리지대학
분자생물학연구소
박사

JTBC
〈차이나는 클라스〉
KBS 〈쌤과 함께〉
화제의 명강의

**세포의 미스터리로 생명의 신비를 푸는 생명과학자
서울대학교 생명과학부 이현숙 교수**

내 안의 세포 37조 개에서 발견한
노화, 질병 그리고 죽음의 비밀

'세포'를 제대로 알면 '미래'가 두렵지 않다

어둠을 뚫고
시가 내게로 왔다

서어서문학과 김현균 교수 | 20,000원

**"소외된 영혼을 위한
해방의 노래, 라틴아메리카 문학"**

우리는 누구인가? 자신들의 정체성을 찾기 위해
분투해온 라틴아메리카 문학을 통해 미래를 향해
무한한 가능성을 배우다

불온한 것들의 미학

미학과 이해완 교수 | 18,000원

**"포르노그래피에서 공포 영화까지,
예술 바깥에서의 도발적 사유"**

인간의 감성, 감정, 비이성적 영역을 철학의 대상으로
탐구함으로써 우리에게 인간을 총체적으로
이해할 수 있는 새로운 관점을 선사한다

음악이 멈춘 순간
진짜 음악이 시작된다

작곡과 오희숙 교수 | 19,000원

**"플라톤부터 BTS까지,
음악 이면에 담긴 철학 세계"**

음악이 주는 감동에 대한 철학적 사유와
'소리'에 담긴 아름다움과 가치를 연구해온
그 치열하고도 세밀한 탐구의 결과물

코드를 통해 확인하실 수 있습니다.

크로스 사이언스

생명과학부 홍성욱 교수 | 19,000원

**"프랑켄슈타인에서 AI까지,
과학과 대중문화의 매혹적 만남"**

일상 속에서 발견하는 과학과 인문학의 교차
복잡한 이론과 공식이 아닌, 문화 속에서 발견한
흥미진진한 과학의 향연

뇌를 읽다, 마음을 읽다

정신건강의학과 권준수 교수 | 17,000원

**"뇌과학과 정신의학으로 치유하는
고장 난 마음의 문제들"**

개인과 사회를 무너뜨리는 정신질환을
규명하고 치유하는 '의학'부터 '뇌과학'까지,
인간의 마음과 뇌에 관한 통찰을 모두 담다

동물이 만드는
지구 절반의 세계

수의학과 장구 교수 | 17,000원

**"인슐린 발견에서 백신의 기적까지
인류의 역사를 뒤바꾼 동물들"**

우리가 그동안 미처 알지 못했던
보이지 않는 동물들의 이야기

서울대 가지 않아도 들을 수 있는 명강의, [서가명강]은
대한민국 최고 명문대학인 서울대학교 교수님들의 강의를 엮은
도서 브랜드로, 다양한 분야의 기초 학문과 젊고 혁신적인 주제의
인문학 콘텐츠를 담아 시리즈로 발간하고 있습니다.

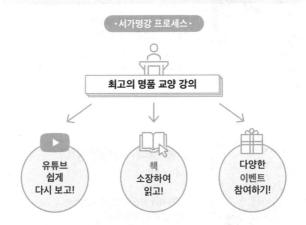

· 서가명강 프로세스 ·

최고의 명품 교양 강의

유튜브
쉽게
다시 보고!

책
소장하여
읽고!

다양한
이벤트
참여하기!

📣 유튜브에 어떤 영상들이 있을까요?

1. 출간 전, 작가를 가장 먼저 만날 수 있는 방법!
→ 출간 전 라이브 강연

2. 책의 핵심을 한 시간 안에 담았다고?
→ 출간 기념 라이브

3. 그 외 다양한 인사이트
- 서울대 교수님들의 입시 Q&A
- 저자 인터뷰와 낭독 영상까지

도서는 물론, 유튜브 강연,
그리고 다양한 이벤트까지 —
내 삶에 교양과 품격을 더해줄 지식 아카이브!
[서가명강]을 다양한 플랫폼에서 만나보세요!

유튜브

시리즈 소개서

유의 깊이를 추구할수록 논리적 흐름에 매몰되어 다르게 생각하기 자체가 불가능해진다. 엉뚱하고 뚱딴지같은 발상을 통해 정상에 시비를 거는 비정상적 사유에서 비롯되는 바보 같은 질문이 전대미문의 관문도 열어젖힌다.

"가장 심각한 실수는 '틀린 답'에서 비롯되지 않는다. 가장 심각한 위험은 '틀린 질문'을 던지는 데 있다." 미국의 경영철학자 피터 드러커의 말이다. 답이 틀리면 거기서 왜 답이 틀렸는지를 따져 묻는 가운데 정답을 찾을 수 있는 길이 트인다. 하지만 틀린 질문을 던지면 거기서부터 오랫동안 틀린 길을 찾아 헤매기 시작한다. 틀린 질문은 틀린 답보다 후유증이 심각하다. 틀린 질문을 하면 틀린 답을 찾아내는 엉뚱한 길로 자신도 모르게 빠져들기 때문이다. 비슷한 맥락에서 영화 「올드보이」에 나오는 대사도 있다. "당신의 진짜 실수는 대답을 못 찾은 게 아냐. 자꾸 틀린 질문만 하니까 대답이 나올 리가 없잖아." 지금까지 우리 교육은 정답을 찾아낼 수 있는 능력을 개발하는 데 쏠려 있었다. 문제에 어떤 문제의식이 담겨 있는지, 무슨 사연과 배경으로 이런 문제가 제기되었는지, 문제 자체는 논리적 모순이 없는지, 그 상황과 맥락은 따져 묻지 않았다. 문제

117

를 문제로 보는 안목과 식견이 그 어느 때보다도 필요
한 시점이다.

좋은 질문은 전문지식과 배경지식의 사회적 합작품이다

인공지능 시대를 맞아 너도나도 질문이 중요하다
는 말을 쏟아낸다. 그래서인지 질문하는 능력을 키우
는 방법이나 노하우를 말해달라고 하는 사람이 많다.
사실 질문은 기법의 문제가 아니다. 메리 올리버가 이
야기했듯이 주어진 분야를 사랑하는 힘에 좌우된다.
좋은 질문을 하려면 자신이 관심을 두는 분야에 대한
깊이와 넓이를 동시에 갖추어야 한다. 전문지식의 깊이
는 물론 배경지식의 넓이가 확보되어야 좋은 질문이
나온다. 질문도 중요하지만, 질문에 대한 답의 질적 속
성을 판단하는 안목이나 비판적 사유 역시 필요하다.
그런 능력이 없으면 좋은 질문을 던져놓고도 이에 대
한 답이 어떤지 판단할 수 없기 때문이다.

좋은 질문, 날카로운 질문, 뜻밖의 질문은 질문을
던지는 사람의 독립적인 역량이 아니라 그가 주변 상
황과 만나서 이루어지는 상호작용의 산물이다. 전문지
식이나 배경지식과의 부단한 소통을 통해 비로소 형성

되는 사회적 관계의 합작품이다. 다른 사람의 이야기를 잘 듣지 않고는 정곡을 찌를 수 없다. 전반적 상황을 정리하며 그 흐름에 연장선상에서 질문을 던질 수도 없다. 질문은 탈맥락적 공간에서 단순히 질문 주체의 호기심이나 열정만으로 생성되지 않는다.

"나쁜 질문을 던지면 답을 찾아낸다 해도 그다지 멀리 못 가게 되지만, 좋은 질문을 던지면 끝내 답을 못 찾더라도 답을 찾는 와중에 이미 꽤 멀리까지 가 있게 된다."* 좋은 질문은 정답을 요구하는 질문이라기보다 이전과 다른 생각을 요구하는 질문이다. 좋은 질문은 오랜 시간의 탐문을 요구하고, 이전과 파격적으로 다른 파란을 일으키며 파문을 남기기도 한다. 질문을 근간으로 탐문하는 과정에서 낯선 마주침을 통해 이전과 다른 깨우침을 얻을 수 있기 때문이다. 영화 「자산어보」에도 "질문이 곧 공부다. 외우기만 하는 공부가 나라를 망쳤다"라는 대사가 나온다. 색다른 질문을 하기 위해서는 관심 있는 분야는 물론 그와 가깝고 관련이 있는 분야와 경계를 넘나들어야 한다. 그래야 틀에 박힌 문제의식에서 벗어나 우발적 마주침을 통해 색다

---

* 신형철, 『정확한 사랑의 실험』, 마음산책, 2014, 214쪽.

른 깨우침을 낳는 질문이 생긴다.

호기심이 죽으면 늙기 시작한다

"질문하면 젊어지고 대답을 기다리면 늙는다"라는 격언이 있다. 호기심이 많고 질문을 많이 던지는 사람의 얼굴이 동안童顔인 까닭이다. 호기심이 죽으면 늙기 시작한다. 질문하는 동안은 동안이다. "질문한다는 것은 무엇인가? 그것은 모르는 자리로 돌아가는 것이며, 홀연히 '처음'의 시간 속에 있는 것이고, '끝없는 시작' 속에 있는 것이다. 더구나 시적 질문은 생각과 느낌의 싹이 트는 순간으로 타성/습관/확정 속에 굳어 있던 사물이 다시 모태의 운동을 시작하는 시간이다." 파블로 네루다의 『질문의 책』*에 정현종 시인이 옮긴이의 말로 쓴 문장이다. 질문은 모태 운동을 시작하는 것처럼 언제나 처음의 위치로 돌아가 초심을 되돌아보며 타성에 젖어가는 자신을 성찰하게 만드는 자극제이자 각성제다.

모태 운동을 시작하는 처음의 시간 속으로 들어가

* 파블로 네루다, 『질문의 책』, 정현종 옮김, 문학동네, 2013.

려면 여기에 머무는 나의 익숙하고 고루한 생각의 껍질을 과감하게 탈피해야 한다. 그 탈피의 과정을 도와주는 결정적인 자극이 질문이다. 질문을 두꺼운 생각의 껍질도 벗겨내고 새살이 돋게 만드는 성장발육 촉진제다. "현존재의 경이로운 불확실성과 애매성 한가운데 머물며 물음을 던지지 않는 것, 물음의 욕구와 기쁨 앞에서 몸을 떨지 않는 것, 심지어 이 물음을 던지는 사람을 미워하는 것조차 하지 않고 그에게서 괴로운 즐거움을 느끼는 것—이것이 바로 내가 경멸하는 것이다."* 호기심이 궁금증과 만나면 생각의 전율이 시작되고 호흡조차 곤란해진다. 하지만 어느 순간부터 이전과 다른 생각을 부르는 질문을 던지면 경멸의 대상으로 여겨지는 것 같다. 왜 그런 질문을 지금 여기서 던지느냐는 것이다. 질문이 없었으면 지금 마치고 빨리 다른 일을 시작할 수도 있는데 말이다.

---

* 프리드리히 니체, 『즐거운 학문. 메시나에서의 전원시, 유고』, 안성찬·홍사현 옮김, 책세상, 2005, 70쪽.

05

질문은 일의 본질을
재고하게 만드는 동인이다

질문의 5가지 효과

질문은 사고방식의 혁명을 일으키는 원동력이자 우발적 접촉을 촉진시켜 관계없는 것을 연결시키는 이연연상의 촉발점이다. 질문은 당연함을 부정하는 자극제이자 삶의 방향을 재점검하게 만드는 성찰의 출발점이다. 질문은 모르는 게 무엇인지를 깨닫게 만드는 각성제다. 질문만 던져도 사고방식은 물론 살아가는 방식을 근본적으로 재고해보게 만드는 혁명적 동인을 마련하는 셈이다.

첫째, 질문은 사고방식의 혁명을 일으킨다. 질문은 상황을 반전시켜 막혔던 사고의 물꼬를 터주거나 생각의 물구나무를 서게 만들어 이제까지 꿈에도 생각하지 못했던 낯선 생각을 잉태하게 만든다. 오랫동안 범인을 잡지 못해 난국에 빠진 미국 FBI에서 범인 대신 범인의 애인을 찾기로 한 것이 그 예다. 결국 범인은 하루 만에 애인 곁에서 체포되었다.

둘째, 질문은 우발적 접속을 통해 이연연상을 촉진시킨다. 관계가 없다고 생각되는 두 가지 이상을 돌연 연결해서 질문을 던지면 유추적 사고가 싹트면서 이전에 생각할 수 없었던 전혀 다른 사유가 자라기 시작한다. 독서와 피클은 무슨 관계일까? 결혼과 양파는 또 무슨 관계인가? 대부분의 은유적 사유는 닮은 점이 없는 것처럼 보이는 두 가지에서 닮을 점을 찾아내는 노력으로부터 출발한다.

셋째, 질문은 당연함을 부정한다. '원래, 물론, 당연'에 시비를 걸면서 질문을 던지면 원래 그렇지 않고, 물론 그렇지 않으며, 그게 당연하지도 않다. 질문은 고정관념이나 타성에 젖어 살아가는 사람들에게 고통스러운 지적 자극이 될 수도 있지만, 덕분에 평생 의문의 화살을 던져보지 않은 영역에까지 이를 수 있게 해주는 생각의 발원지가 되기도 한다.

넷째, 질문은 삶의 방향을 재점검하게 해준다. 앞

만 보고 달리던 사람에게 무엇 때문에, 어디로 그렇게 빨리 달려가는지 물어보면 대답하지 못한다. 어제처럼 오늘도 성과를 내고 목표를 달성하지 않으면 어딘지 모르게 불안해서 그저 습관적으로 달리는 것이기 때문이다. 속도보다 각도, 빈도보다 밀도를 드높이는 동인이 바로 질문이다.

다섯째, 질문은 무지를 각성하게 해준다. 질문은 무지가 무엇인지를 알게 해주는 각성제다. 질문하기 전에는 다 안다고 생각했는데, 거듭 질문을 던지면서 파고들다 보면 내 앎의 깊이가 얼마나 천박하며 잘못된 신념에 근거한 것이었는지 깨닫게 된다. 그래서 질문은 오만과 자만에 찬 사람들에게 겸손을 안긴다.

이렇듯 질문이 우리에게 제공하는 혜택이나 효과는 질문이 독특한 역할을 발휘하고 있음을 다시금 생각하게 만든다. 질문은 세상을 다르게 보는 창문이자 가능성을 개척하는 관문이다. 질문은 배움의 길로 안내해주는 견문이자 알고 싶은 분야를 파고드는 탐문이다. 질문은 던지는 순간 낯선 생각의 파도를 몰고 오는 파문이기도 하다.

질문의 5가지 역할과 기능

첫째, 질문은 세상을 다르게 보는 창문이다. 세상을 어제와 다르게 보려면 어제와 다른 창문을 마련해야 한다. 질문은 우리를 어제와 다른 세계로 들어서게 하는 창문과 같다. 여러 가지 창문이 많은 사람은 그만큼 다양한 질문을 갖고 있다는 뜻이다.

둘째, 질문은 새로운 가능성을 개척하는 관문이다. 질문이 바뀌면 관문도 바뀐다. 우리를 낯선 세계로 인도하는 질문이야말로 새로운 가능성을 품고 있는 관문이라고 할 수 있다.

셋째, 질문은 좌정관천의 어리석음에서 벗어나 지금까지 볼 수 없던 세계를 보여주는 견문이다. 견문은 낯선 질문을 품고 다양한 분야나 지역을 탐방해본 사람이 지닌 교양이자 안목이다.

넷째, 질문은 호기심을 갖고 특정 분야를 부단히 파고들게 만드는 탐문이다. 질문하지 않고 탐문을 계속하면 투자한 시간에 비해 새로운 사실을 많이 발견하기 어렵다. 깊이 탐색하면서 끊임없이 질문을 던지는 심문을 기반으로 탐문을 계속할 때 궁금증도 풀리게 될 것이다.

다섯째, 질문은 고정관념을 파괴하는 파문이다. 파문이 일어나야 기존의 앎으로 건설된 통념의 세계가 무너지고 새로운 생각을 품고 있는 낯선 사유체계가 만들어진다. 질문에 질문을 던지는 반문이야말로 기존 생각을 뒤집어 낯선 생각을 잉태하며 파문을 일으키는 원동력이 된다.

구글은 오래전 창립 10주년을 맞아 세상에 도움을 줄 수 있는 가장 획기적인 아이디어 다섯 개를 뽑아 각 2백만 달러씩 상금을 주는 이벤트를 한 적이 있다. 구글이 제시한 평가 기준은 다섯 가지였다. 획기적인 아이디어를 평가하는 이 기준을 약간 변형해서 질문을 평가하는 기준에 대입해도 일맥상통할 것이다.

첫째, 얼마나 많은 사람이 영향을 받겠습니까? Reach

둘째, 절박한 필요와 본질적인 문제를 해결해줄 수 있나요? Depth

셋째, 1~2년 안에 실제로 적용 가능합니까? Attainability

넷째, 간단하고 비용 대비 효과가 높은가요? Efficiency

다섯째, 영향력이 얼마나 오래갈까요? Longevity

여기에 한 가지를 더 추가한다면 '여섯째, 전대미문

의 새로운 가능성을 열어가는 독창적인 질문일까요?'
라는 오리지널리티Originality에 관한 질문이 될 것이다.

내 일의 가치를 평가하는 질문이 달라지면 당연히
그 일의 질적 속성도 바뀐다. 일의 본질에 대해 질문
을 품다 보면 결국 동일한 일로 전혀 다른 성과와 성취
감을 얻게 된다. 질문은 이처럼 매일 하는 일의 본질을
생각하게 하며, 어제와 다르게 새로운 문제의식을 품고
도전하게 만든다.

3부
—

공감하고 상상해야
비상한다

타자의 아픔을 가슴으로 사랑하는 공감 능력이 일상에서 비상하는 상상력에 날개를 달아준다. 혁신이든 혁명이든 머리 좋은 사람보다 타자의 아픔을 마치 나의 아픔처럼 생각하는 사람이 해낸다. 그 아픔을 치유하기 위해 몸을 던져 아이디어를 내는 능력이 상상력이다. 공감 능력이 기반이 되는 상상력만이 세상을 바꾸는 혁신과 혁명을 일으킨다.

01

진짜 생각은 가슴에 두 손을 대고 반성하는 용기다

수전 손택은 『다시 태어나다』*라는 책에서 연민 sympathy과 공감empathy의 차이를 이렇게 설명했다. 연민은 내 삶을 파괴하지 않을 정도로만 남을 걱정하는 기술이고, 공감은 내 삶을 던져서 고통과 함께하는 삶의 태도다. 아주 쉽게 이야기해보자면 어느 이웃 나라에 지진이 일어나서 수만 명이 죽었다는 소식이 신문에 났다. 연민은 안타까움에 돈 3만 원을 기부하며 자신이 할 수 있는 일을 다 했다고 느끼는 감정이다. 공감은 '저분들이 얼마나 아플까? 집을 잃어버렸는데 잠은 어디서 잘까?' 하는 걱정에 잠을 못 이루다가 그들을

---

* 수전 손택, 『다시 태어나다』, 김선형 옮김, 이후, 2013.

돕기 위해 휴가를 내서 이웃 나라로 직접 발 벗고 나서게 하는 힘이다. 책상에 앉아 있으면 머리로 이해는 할 수 있지만 가슴으로 느낄 수 없다. 그러니까 반드시 내 몸을 던져서 신체가 개입됐을 때 반응이 오는 것이 바로 공감 능력이다.

앞서 생각 사思 자의 의미에 대해 이야기했듯 생각이란 머리와 가슴이 붙어 있는 것이다. 여기서 한번 생각해보자. 학교에서 지금까지 배운 생각은 머리로 하는 것이었나, 가슴으로 하는 것이었나. '차가운 머리와 뜨거운 가슴Cool head and warm heart'이라는 격언이 있다. 하지만 우리는 따뜻한 가슴이 없는 상태에서 차가운 머리로 생각하는 능력만 배워온 것은 아닐까? 그 때문에 우리 사회가 서로 공감하지 못하고 타인의 아픔까지도 계산하는 차가운 사회가 된 것은 아닐까?

진짜 생각은 가슴으로 한다. 뭔가를 반성할 때 우리의 두 손은 머리가 아닌 가슴 위에 있다. 머리로 생각하는 능력은 인공지능이 다 따라잡았지만, 가슴으로 생각하는 능력은 인공지능이 쉽게 흉내 낼 수 없다. 진정한 용기 또한 머리로 계산해서 나오지 않는다. 가슴으로 타자의 아픔을 느낄 때, 머리로 올라가 생각이 시작되기 전에 몸을 던지며 일어나게 되는 것이다.

머리와 가슴 사이를 연결하는 인터페이스, 목

그래서 머리와 가슴 사이를 연결하는 인터페이스가 바로 목이다. 가슴으로 느낀 타인의 아픔이 목이라는 인터페이스를 통과해 머리로 올라간다. 느낌은 거짓말을 하지 않는다. 문제는 이 느낌이 목을 타고 올라가서 생각이 될 때 시작된다. 타인의 아픔을 희석하고 탈색해서 거짓말을 하는 본산지가 바로 머리다. 가슴은 거짓말을 하지 않는데 머리는 거짓말을 한다. 머리로 하는 생각은 발목을 잡지만 가슴으로 하는 생각은 손목을 잡는다. 그래서 발목을 잡히면 난처한 입장에 처하고, 손목을 잡으면 따듯한 손길을 내밀게 된다.

공감 능력을 기르는 방법 중 하나는 시를 읽는 것이다. 안도현 시인의 「스며드는 것」이라는 시는 다들 한 번쯤 본 적이 있을 것 같다. 간장게장을 만들 때는 통에다가 꽃게를 집어넣고 간장을 쏟아붓는다. 우리가 꽃게라고 생각해보자. 등판에 간장이 쏟아진다. 간장에 잠기는 이 순간, 살아남기 위해 사투를 벌이는 장면을 상상하며 측은지심으로 꽃게를 바라볼 때 시가 탄생한다. 어미 게가 배 속에 품고 있는 알 사이사이로 간장이 스며든다. 어미 게는 알들에게 마지막 말을 건

넨다. "저녁이야. 불 끄고 잘 시간이야." 그래서 제목이
「스며드는 것」이다. 이 어미 게와 알들이 사투 끝에 죽
어서 이튿날 탄생한 음식이 간장게장이다. 이런 시를
읽고 곧바로 간장게장을 먹으러 가는 사람은 인간이
아니다. 그 간장게장이 입에 넘어갈까? 그러니까 공감
능력을 기르는 가장 강력한 방법은 시인처럼 생각하는
것이다. 역지사지, 물아일체, 입장을 바꿔서 타자의 아
픔을 생각해보는 것이다. 시인은 역지사지의 달인이다.

지금 의자에 앉아 책을 읽고 있는가? 혹시 의자에
대해 한 번이라도 미안하다는 생각을 해본 적이 있는
지 묻고 싶다. 의자는 우리의 육중한 무게를 버티고 있
다. 얼마나 힘이 들까? 의자한테 빨리 미안하다고 해보
자. 조금만 기다리라고도 해보자. 의자의 입장이 돼서
한번 생각해보자. 의자는 생명체가 아니지만, 의자가
겪고 있는 아픔을 역지사지로 생각해보는 측은지심이
바로 공감 능력이다. 인공지능이 쉽게 흉내 낼 수 없는
경이로운 능력이다.

열 길 물속은 알 수 있으나 한 길 사람 속은 알 수 없다

이생진 시인의 시 「벌레 먹은 나뭇잎」의 일부가 교

보문고 벽에 붙은 적이 있다. "나뭇잎이 벌레 먹어서 예쁘다. 남을 먹여가며 살았다는 흔적은 별처럼 아름답다." 보통 사람들은 '나뭇잎에 구멍이 뚫렸네? 벌레가 먹었구나?' 하며 지나가고 마는데, 시인들은 나뭇잎에 뚫린 구멍을 보면서 벌레를 먹여 살리려고 고생했던 흔적을 떠올린다. 그것이 별처럼 아름답다고 말한다. 나뭇잎이 예쁜 이유는 벌레들한테 먹혀서다. 시인들은 우리와 생각이 다르고 언어가 다르고 사고방식이 다르다.

일본의 소설가 히라노 게이치로가 쓴 『문명의 우울』*에는 상대의 마음을 읽지 못하는 것이 문맹이라는 말이 나온다. 본래 문맹은 글을 읽고 쓸 수 없는 것을 뜻하는데, 요즘의 문맹, 미래의 문맹은 사람의 마음을 읽지 못하는 것이다. 누구나 경험이 있겠지만, 내 마음처럼 생각하지 않는 사람들이 많다. 그래서 이런 말도 있다. "열 길 물속은 알아도 한 길 사람 속은 모른다." 물의 깊이는 측량이 가능하나 사람의 마음은 측량이 곤란하다. 물은 아무리 깊어도 과학기술을 이용해서 깊이를 잴 수 있다. 수심은 과학적 탐구 대상이다. 하지만 한 길밖에 안 되는 사람 속은 아무리 과학이 발달

---

* 히라노 게이치로, 『문명의 우울』, 염은주 옮김, 문학동네, 2005.

해도 기술적인 측량이 불가능하다. 내 강의를 듣는 학생들이 막 웃고 있는데, 재미있어서 웃는 건지, 강의를 빨리 끝내달라는 뜻인지 알 길이 없다. 사람의 마음은 헤아림의 대상이다. 끊임없이 상대방의 입장이 돼서 자꾸 헤아려봐야지만 '아, 그럴 수도 있겠구나. 가슴이 아프구나' 하는 생각이 든다. 사람의 아픈 마음을 가슴으로 사랑하는 능력을 길러주는 것이 인문학의 존재 이유라고 생각한다.

감성적 설득의 언어

유튜브에서 거리 사회실험 영상을 본 적이 있다. 한 시각장애인이 "나는 시각장애인입니다. 도와주십시오"라고 써놓고 기부함을 앞에 둔다. 어쩌다 한 명씩 기부함에 돈을 넣는 사람이 있다. 그런데 문구를 바꾸자 놀라운 변화가 일어난다. "아름다운 날입니다. 저는 앞을 볼 수 없네요." 이전에는 기부금이 뜨문뜨문 들어왔는데, 이제 지나가는 사람마다 걸음을 멈춰 기부금을 넣고 간다. 왜 이런 변화가 일어났을까? 바로 공감 능력을 일으키는 문장에 감동한 까닭이다. 이제 보이지 않는 아픔을 가슴으로 사랑하는 사람들이 그 앞을 그냥 지나칠 수 없게 된 것이다. 두 번째 문구는 사람들의 마음을 움직였다. 논리적으로 설명한 것과 감성적으로 설득한 것의 차이다. 감성을 자극할 때 인간은 타자의 아픔을 느끼고 도와주려 나서게 된다.

형용사는 명사의 옷이다. 추석이나 한가위 앞에 붙는, 5천 년 동안 변하지 않는 틀에 박힌 형용사가 있다. 풍요로운, 풍성한, 행복한, 건강한, 여유로운, 따듯한, 온 가족이 함께하는, 보름달처럼 환한, 넉넉한, 소중한, 즐거운. 이런 형용사 뒤에 어김없이 추석이나 한가위가 따라붙는다. 형용사가 틀에 갇히면 뒤에 따라오는 명사도 틀을 벗어날 수 없다. 명사가 입는 생각의 옷인 형용사가 바뀌지 않으면 명사의 성격과 본질도 바뀌지 않는다. 언어가 타성에 젖으면 생각의 고정관념을 먹기 시작해 일용할 양식으로 통념을 섭취하다 관념이 고장나는 고장관념으로 굳어진다. 심금을 울리는 언어는 자신이 겪은 이야기를 촌철살인의 언어로 벼리는 가운데 날 선 생각을 품고 태어난다. 여전히 도로변의 현수막에는 가을마다 가족과 함께 풍성한 추석을 보내라는 국회의원이나 시의원의 표준화되고 획일화된 메시지가 나부낀다. 한결같이 마음을 움직이지 못하는 명절 인사다.

02

세계관世界觀보다
세계감世界感이 먼저다

이문재 시인은 감성의 회복에 대해 지금 우리에게 필요한 것은 세계관世界觀이 아니라 세계감世界感이라는 말을 했다. 그에 따르면 우리는 하나의 관점이기 전에 무수한 감점感點이다. 따라서 볼 관觀이 아닌 느낄 감感, 즉 보는 것보다 가슴으로 느끼는 것이 중요하다는 주장이다. 우리가 어떤 가슴으로, 어떤 감정으로 느끼는지에 따라서 세상이 달라진다는 것을 시인은 이렇게 놀라운 언어로 포착했다. 감점感點 없이 관점觀點도 없다. 시각은 느낌이나 감정 없이 순수한 이성만으로 바라보는 것이 아니기 때문이다. 코로나19 바이러스가 유행하기 바로 전인 2019년, 친구들과 투르 드 몽블랑 트레킹을 떠났다. 8박 9일 동안 몽블랑산을 끼고 이탈리

아, 프랑스, 스위스 3개국을 트레킹하는 것이다. 발목 복숭아뼈 위를 덮는 중등산화를 신고 갔는데 첫날부터 복숭아뼈 위쪽이 아팠다. 자세히 보니까 그곳에 물집이 있었다. 올라갈 때는 참을 수 있었지만, 내려올 때는 신발이 물집을 더 자극해서 빨리 걸을 수가 없었다. 내가 잘 걷지 못하는 이유를 알 리 없는 가이드는 버스 시간표만 챙기면서 출발할 시간이 가까워졌는데 왜 이렇게 늦게 오냐고 성화했다. 그때, 같이 갔던 강경태 소장이 나를 유심히 관찰했는지 이렇게 제안했다. "교수님, 저하고 오른쪽 신발 바꿔 신어요." 자기 신발은 헝겊이 덧대어져 있어서 상처 부위를 자극해도 통증이 덜할 것 같다는 것이었다. 신발을 바꿔 신어보니 진짜로 통증이 줄어들었다. 덕분에 첫날 안전하게 하산할 수 있었다. 다음 날에는 발목 밑으로 내려오는 등산화를 하나 사서 갔다. 8박 9일간 안전하게 트레킹 일정을 소화할 수 있었던 것은 측은지심이 발동한 강 소장이 나를 관심 있게 살펴보고 신발을 바꿔 신자는 제안을 했기 때문이다. 아무리 세상이 바뀌고 인공지능 시대가 찾아와도 발 벗고 자기 몸을 던져서 타자의 아픔을 치유하는 공감 능력이야말로 사람이 가져야 할 최고의 미덕이다.

살피지 않고는 보살필 수 없다. 강경태 소장은 내가 절뚝거리는 모습을 가까이서 보고 자세히 관찰하면서 살펴본 결과로 보살핌이라는 해결책을 제시했다. 살핌의 누적이 보살핌이라는 혁신적인 해결 대안을 만든 원동력이 된 셈이다. 하지만 간혹 살피지도 않고 자신의 판단에 따라 보살핌이라는 해결 대안을 제시하는 사람이 있다. 그런 보살핌은 상대에게 도움이 되기는커녕 오히려 해를 끼치곤 한다. 자기가 생각한 보살핌이 상대에게 도움이 될 거라고 착각한 경우다.

전문가일수록 공감 능력이 필요하다

목마른 왕건이 길을 지나가다가 한 여인에게 물을 한 잔 달라고 청했다. 여인이 떠다 준 물 위에는 나뭇잎이 떠 있었다. "이 나뭇잎은 무엇입니까?" 왕건이 묻자 여인이 대답했다. "물이라도 체하실까 봐 염려되니 천천히 드시라는 의미로 넣었습니다." 장화왕후 설화에 나오는 이야기다. 급히 물을 마시다가 사레라도 들릴까 봐 나뭇잎을 띄워준 배려, 이것이 바로 마음 씀의 본질이라고 생각한다. 마음 씀이라는 것이 바로 공감 능력이고 타자의 아픔을 치유하는 강력한 치유제가 아닐까?

이런 공감 능력은 어떻게 해야 가질 수 있을까? 공감 능력이 왜 이렇게 중요한 것일까? 여기에 햄버거가 하나 있다고 생각하고, 공감 능력이란 대체 어떤 것인지 그 실체를 살펴보자.

육안肉眼: 햄버거를 보면 먹고 싶다. 누구나 할 수 있는 생각이다. 육안이 있기 때문에 생기는 반응이다.

뇌안腦眼: 햄버거를 많이 먹으면 살이 찐다. 이렇게 영양 성분을 과학적으로 분석해서 지방 함량을 따져보는 사람도 있다. 뇌안으로 분석해서 생기는 반응이다.

심안心眼: 햄버거를 보면 소의 아픔이 연상된다. 이런 사람도 있다. 햄버거의 패티는 소로 만든 것이기 때문이다. 햄버거 속의 패티를 보는 순간 소의 아픔이 가슴으로 와닿았기 때문에 생기는 심안의 반응이다. 측은지심으로 소의 아픔을 나의 아픔처럼 느낄 때 심안이 작동한다.

영안靈眼: 햄버거를 먹을수록 지구 온난화가 가속화된다. 햄버거를 많이 먹을수록 더 많은 소고기가 필요하고, 더 많은 소를 기르기 위해 삼림지를 목초지로 바꾸면서 열대림이 파괴되기 때문이다. 이 현상을 햄버거 커넥션Hamburger Connection이라고 한다. 겉으로 보기에 햄버거와 지구 온난화는 아무 관계가 없는 것 같지만, 사실은 구조적으로 연결되어 있는 것이다. 어떤 사람에게는 이처럼 보이지 않는 부분을 보는 안목이 있다. 영안을 갖고 있기 때문에 나타나는 반응이다.

육안과 뇌안은 거의 모든 사람이 가지고 있다. 차별화가 생기지 않는 관점이다. 반면 심안과 영안은 차별적 경쟁력이 있는 관점이다. 공감 능력을 상징하는 심안과 보이지 않는 구조적 관계를 통찰하는 영안은 아무나 갖고 있는 것이 아니다. 특히 심안으로 세상을 바라보는 순간 누구나 시인의 눈으로 다르게 느끼고 생각할 수 있다. 공감은 육안이나 뇌안에서 생기지 않고 심안으로 봐야 생긴다.

공감 능력과 전문가의 정체성

열 십+ 자를 보면 무엇이 떠오르는가? 수학자는 덧셈 기호를 떠올릴 것이다. 의사는 배꼽을 생각할지도 모른다. 목사는 십자가, 교통경찰은 사거리라고 할 것이다. 여기서 우리가 얻을 수 있는 중요한 시사점은 공감 능력이란 신발을 바꿔 신고 타인의 입장이 돼서 직접 행동해보지 않으면 생기지 않는 것이라는 사실이다. 책상에서 아무리 열심히 공부해봤자 몸을 던져서 겪어보지 않는 이상 공감은 불가능하다. 열 십 자는 똑같은 기호임에도 어떤 입장에 있느냐에 따라 완전히 다르게 보인다. 저마다 직업 세계가 다르고, 그 현장에서 몸으로 겪는 일이 다르기 때문이다. 사람은 자기의 경험적 렌즈로 상징적 기호를 해석한다. 나를 지식 산부인과 의사라고 소개한 적이 있다. 지식과 산부인과 의사를 붙여서 만든 세계 최초의 조어다. 책을 한 권 쓸 때마다 지식 입덧을 앓는 것 같다고 느끼면서 '다른 사람들에게도 지식 분만 유도를 할 수 있을까' 하는 생각으로 엉뚱하게 연결시켜본 것이다. 사람들이 지식을 자연분만할 수 있도록 돕는 일이라니 얼마나 멋진가? 지식 임신이 잘 되지 않는 사람을 대상으로 지식 임신 클리닉을 개설해 세계 최초로 지식 잉태 서비스를 시작한다고 하니까 공감 능력이 없는 의사가 나타나서 시비를 걸었다. 교수님이 무슨 의사냐며 정말 의사라면 의사 면허증을 보여달라는 것이었다. 지식 산부인과는 내가 만든 건데 무슨 면허증이 필요하냐고 물었더니 적법한 절차를 밟고 의사 면허증을 따라는 대답이 돌아왔다. 내가 산부인과 의원을 개원한 것도 아니고, 세계 최초로 지식 분만 유도법을 연구하고 싶다는데 자꾸 면허나 따라는 말뿐이다.

그 사람에게 이렇게 물어봤다. 그러면 색채의 마술사 샤갈은 마술사인가? 윤봉길 의사도 의사인가? 그랬더니 교수님과는 더 이상 이야기하고 싶지 않다고 했다. 나 역시 더 이상 이야기하고 싶지 않고 말해주었다. 이렇게 공감 능력이 없는 사람, 특히 밥맛없는 사람이 뭐라고 하면 밥맛없는 방식으로 대응해야 떨어져나간다. 논리적으로 싸우기 시작하면 감정싸움으로 번져서 서로 상처만 받고 아무것도 해결되지 않는다. 이 사건을 통해서 전문가야말로 자기 분야에서나 전문가일 뿐, 한 분야만 넘어서면 다른 분야의 전문가가 도대체 무슨 일을 하고 있으며 왜 그렇게 생각하는지를 공감하기가 참으로 어렵다는 점을 알게 되었다. 전문가란 어쩌면 전문적으로 문외한인 사람, 한 우물을 파다가 매몰된 사람, 깊이만 파다가 기피 대상이 되는 사람은 아닐까?

이 이야기는 여기서 끝이 아니다. 트위터에 또 한 사람이 나타났다. "이분 진짜 교수의 자질이 의심되네요. 아니, 윤봉길 의사를 정말 의료인으로 알고 계세요? 윤봉길 의사의 의사는 의로운 사람의 존칭입니다.

한양대에 이런 무식한 교수님이 계신다고요?" 그 사람은 이렇게 의문을 제기했다. 그럼 구두 대학 병원을 차린 사람은 병원 설립 허가증을 갖고 있느냐고 물었더니 교수님은 의사가 아닌데 의사라고 대중을 상대로 사기를 쳤기 때문에 공개 사과를 하란다. 그래서 우리 집 포메라니안을 앉혀놓고 장난감 공과 개, 사과를 나란히 둔 뒤 사진을 찍어서 올렸더니 이번에도 교수님하고 더 이상 이야기하고 싶지 않다는 답변이 달렸다.

우리 주변에 있는 대상들을 전혀 다른 요소와 함께 색다른 방식으로 배치해서 사람들의 상상력을 자극하는 것을 미술 용어로 데페이즈망dépaysement이라고 한다. 익숙한 이미지의 낯선 중첩이다. 공, 개, 사과는 익숙한 이미지이지만 함께 놓이면 낯선 이미지가 된다. MIT 미디어 랩의 마빈 민스키 박사가 얘기하듯이 흔한 구성 요소들의 흔치 않은 결합이 바로 창의성이다.

03

상상력이
지식보다 중요하다

이해를 돕기 위해 조금 웃긴 일화를 소개해보았다. 이제 공감 능력이 얼마나 중요한지, 어떻게 하면 공감 능력을 습득할 수 있는지, 그리고 공감 능력이 없으면 왜 몰입이 안 되는지 이해했으리라고 생각한다.

타인의 아픔을 포착한 사람은 잠을 이루지 못하고 그 아픔을 치유하기 위해서 아이디어를 내기 시작한다. 이것이 상상력이다. 상상력은 그저 뜬구름 잡는 이야기가 아니다. 아인슈타인은 『더 새터데이 이브닝 포스트』와의 인터뷰에서 "상상력이 지식보다 중요하다"는 말을 한 적이 있다. 지식은 상상력의 원료가 될 수도 있지만, 반대로 상상력의 발목을 잡기도 한다. 그것은 이것 때문에 안 되고, 저것은 그것 때문에 안 되고,

하면서 무한대로 펼쳐지는 상상력을 가로막는다.

나는 용접공이었다. 수도공고에 다니면서 생애 처음으로 용접 기능사 자격증 시험을 보러 갔는데, 거기서 실패를 경험했다. 용접하다가 온도 조절을 잘못해서 용접봉으로 철판에 구멍을 뚫어버렸다. 합격은 물 건너간 상황이었다. '어차피 이렇게 된 마당에'라는 생각으로 철판을 녹여 보름달처럼 크고 둥근 구멍을 뚫었다. 그 뒤로 철판만 생각하면 자꾸 보름달이 떠오른다. 철판을 보면서 보름달을 연상하는 사람은 거의 없을 것이다. 왜 철판과 보름달을 연결 짓지 못할까? 용접봉으로 철판에 구멍을 뚫는 경험을 해본 사람이 별로 없기 때문이다.

여기서 핵심은 상상력 앞에 붙은 '경험적'이라는 말이다. 내가 직접 겪어보지 않은 상상은 상상이 아니라 공상, 허상, 망상, 몽상, 환상이다. 이처럼 '상'으로 끝나는 단어 중에 뒤에 힘 력ﬞ 자가 붙는 말은 '상상력'밖에 없다. 몽상력, 망상력, 환상력이 없는 까닭은 그것에 현실을 변화시키는 힘이 없기 때문이다. 현실을 변화시키는 상상에는 힘이 붙어 있다. 겪어본 아픔이 있을 때 연상되는 힘이다. 내가 철판과 보름달을 연결시키는 독특한 상상력을 갖게 된 것은 용접 기능사 자격증 시험에 실패한 경험 덕분이다.

조금 어려운 용어일 수 있지만, 상상imagination과는 다른 표상representation이라는 말이 있다. '바깥에 있는 새는 종달새다'처럼 어떤 대상을 구체적인 사물과 1대 1로 정확하게 연결해서 재현하는 것을 '표상'이라고 한다. 표상에는 상상력이 개입될 가능성이 없다. 외부 세계를 내면의 정신으로 얼마나 정확하게 재현했는지가 관건이다. 반면 '날아가는 새는 자유다'라는 식으로 새를 자유라고 엉뚱하게 이야기하는 것을 '상상'이라고 한다. 상상력이 풍부해야 이 세상의 생각 너머의 생각을 할 수 있다.

상상력 테스트를 한번 해보자. 막걸리를 마시고 싶은 날은 언제일까? 언제 막걸리가 당기는지 생각해보자. 대부분의 사람들은 비 오는 날이라고 한다. 안주는 주로 뭘 먹을까? 이번에는 파전이라고 답한다. 그렇다면 막걸리에 파전을 언제 먹었나? 아마 등산 갔다 내려오며 마셨을 것이다. 이것이 지금 막걸리에 대한 우리의 상상력 수준이다. 막걸리라는 단어를 떠올리면 비 오는 날 파전과 같이 먹거나 등산 갔다 내려와서 마시는 것만 연상된다. 실제로 막걸리에 대한 글을 써보라고 하면 비 오는 날, 파전, 등산과 연결해서 쓸 수밖에 없다. 여태까지 막걸리를 그렇게 먹어본 경험밖에 없기 때문이다. 경험을 능가해서 글을 쓸 수 없다. 내가 겪어본 경험이 바로 글이라는 창작물로 탄생한다.

나는 막걸리, 하면 새벽이 연상된다. 아침에 일어나자마자 빈속에 막걸리 세 병을 마시고 바로 잠이 든 적이 있다. 그래서 출근을 못 했던 아픔이 있기 때문에 막걸리라고 하면 비 오는 날 대신 새벽이 연상된다. 이 경험으로 인해 막걸리와 새벽을 연결 짓는 놀라운 글짓기 상상력이 생겼다. 앞으로는 막걸리를 파전과 먹지 말고 스테이크와 먹어보자. 막걸리와 파전이 연결되는 식상한 상상력을 벗어나 막걸리와 스테이크를 연결시키는 색다른 상상력이 생긴다.

글쓰기는 발상이 아니라 연상이다. 새롭게 생각해서 쓰는 것이 아니라, 내가 지금까지 직간접적으로 경험한 총 교양의 두께, 참고 문헌과 같은 레퍼런스references에서 나온다. 교양이 두꺼운 사람은 어떤 문제를 던지면 그것과 연결할 수 있는 재료가 풍부하다. 그래서 이것저것 연결시켜 글을 써낸다. 연상은 들뢰즈가 말하는 아장스망agencement이 바뀌어야 생긴다. 아장스망은 영어로 배치arrangement라는 뜻이다. 경험을 바꾼다는 의미는 아장스망을 바꾼다는 말이다. 예를 들면 막걸리에 대한 경험을 바꾼다는 의미는 막걸리 옆에 붙어 다니는 단어를 바꾸는 것이다. 막걸리 옆에 습관적으로 따라다니던 비 오는 날, 파전, 등산을 없애고 낯선 단어인 새벽을 배치하면 막걸리에 대한 새로운 상상력이 날개를 달고 비상한다.

어렸을 때 수렵, 어로, 채취, 농경 생활을 한 경험, 술을 마시고 담배를 피우며 회색빛 청춘을 보냈던 경험, 고시 공부하다가 책을 불태운 경험, 유학 후 삼성에 들어가 책상에서 습득한 지식이 현실의 변화에 별로 도움이 안 되는 관념의 파편일 수 있음을 처절히 깨달은 경험. 이런 경험들이 글쓰기에 영감을 주는 글감으로 작용한다. 킬리만자로나 키나발루산을 오르며 고생했던 경험, 사하라 사막 마라톤 대회에 참가했던 경험, 제주도에서 100킬로미터 마라톤을 뛰어본 경험이 책을 읽으면서 습득한 낯선 개념을 만나면 경험과 개념이 융복합되면서 연상 능력이 풍부해진다. 창의성은 테크닉의 문제가 아니다. 어제와 다르게 창의적인 사람이 되려면 일단 오늘부터 창의성의 데이터베이스 안에 경험을 풍부하게 쌓아야 한다. 입력 없이는 출력도 없다. 다양한 직간접적 경험이 풍부해야 그걸 재료로 창의적인 아이디어를 만들어낼 수 있다.

연상 세계의 교집합이 클수록 관계는 돈독해진다. 막걸리 하면 파전, 비 오는 날, 등산을 연상하는 사람들끼리는 소통이 잘 되고, 막걸리 하면 새벽이나 스테이크를 연상하는 사람은 그들과 소통이 잘 되지 않는다는 뜻이다. 소통이 안 되는 이유는 서로 사용하는 단어가 다르고, 단어에 대한 경험의 깊이와 넓이도 다르기 때문이다. 연상되는 세계가 다르면 같은 말을 해도 통할 리 없다.

아파트 하면 떠오르는 단어를 적어보자. 윤수일을 떠올리는 사람도 있을 것이고, 로제와 브루노 마스를 떠올리는 사람도 있을 것이다. 가수 윤수일이 불렀던 히트송도, 최근 로제와 브루노 마스가 불러서 화제가 된 곡도 모두 「아파트」라는 제목이기 때문이다. 아파트라는 단어에서 어떤 사람은 평수를, 어떤 사람은 청약을, 또 어떤 사람은 주상복합을 떠올린다. 나는 아파트라고 하면 폭염 속에서 벽돌을 짊어지고 나르는 현장 근로자들이 떠오른다. 대학 시절 아르바이트로 아파트 건설 현장에서 벽돌을 날랐던 경험 덕분이다. 이처럼 특정 단어에 대한 연상 세계가 다르기 때문에 사람 사이의 소통이 어려운 것인지 모른다. MZ 세대와 우리 아날로그 세대의 소통은 더욱 쉽지 않은 것 같다.

"곤충을 세 부분으로 나누면?"이라는 문제가 나온 시험지에 아이들이 쓴 답을 본 적이 있다. 시험이 요구한 정답은 "(머리), (가슴), (배)"로 나뉜다는 것인데, 세 개의 괄호 안에는 기상천외한 답이 담겼다. "(머리), (가슴), (으)"로 나뉜다고 쓴 아이도 있고, "(죽), (는), (다)"고 쓴 아이도 있다. 이런 뜻밖의 답은 많은 사람에게 웃음을 준다. 논리적인 정답을 보고 웃는 사람은 아무도 없다. 유머는 의외성unexpectedness, 즉 기대를 망가뜨리는 와중에 나오는 까닭이다. AI 시대에 리더가 갖춰야 할 최고의 덕목이 바로 유머다. 하지만 "(머리), (가슴), (으)"로 나뉜다거나 "(죽), (는), (다)"는 답을 쓰면 선생님은 아이가 이상하다고 말한다. 그 말을 들은 엄마는 아이를 병원에 데리고 간다. 엄마의 꾸지람을 듣고 병원에서 검사와 치료를 받은 아이는 "(머리), (가슴), (배)"로 나뉜다는 답을 쓰게 된다. 아이들이 무궁무진한 상상력을 가로막는 주범은 바로 어른들이다.

비정상적인 사람은 정상적인 사람들의 사유체계에 물음표를 던진다. 그것만이 정답일까? 꼭 그럴 만한 이유가 있을까? 이런 식으로 늘 문제를 다시 생각해본다. 이처럼 논리적 사고 패턴을 벗어난 인간의 엉뚱한 상상력은 인공지능이 모방할 수 없는 능력이다.

상상력의 베이스캠프: 생각지도 못한 알람 시계

퍼즐을 맞춰야 알람을 끌 수 있는 알람 시계가 있다. 알람을 끄기 위해 퍼즐을 맞추다 보면 잠이 깰 수밖에 없다. 늦잠을 자면 자기가 싫어하는 단체로 돈이 기부되는 알람 시계도 있다. 잠을 자고 있는데 통장에서 돈이 빠져나간다면 백만장자가 아닌 이상 벌떡 일어나게 될 것 같다. 유쾌한 아이디어 상품들이다. 알람 시간을 카운트다운해서 정해진 시간이 지나면 폭발음을 내는 시계도 소개하고 싶다. 설정해둔 시간대가 오면 램프에 불이 켜지는데, 불이 켜진 순서대로 선을 끊지 않으면 폭발하는 소리가 난다. 어쩐지 아침마다 긴장하게 될 듯하다.

삼성에 다니던 시절 7에 출근하고 4시에 퇴근하는 7 to 4 근무제가 있었다. 7시에 출근하려면 최소한 5시 반에는 일어나야 했다. 알람 시계를 3개를 맞춰놓고 잤는데, 잠결에 차례로 끈 다음 전부 끌어안고 자다가 지각을 해서 혼났던 아픔이 있다. 소비자가 알람 시계에 대해 느끼는 불편은 이런 것이다. 알람을 맞춰두고도 제때 일어나지 못할까 봐 불안하고, 실제로 그런 일이 생기면 불만족스럽다. 알람 시계를 만드는 사람이라면 고객이 느끼는 불편, 불안, 불만족에 대해서 역지사지로 생각해야 한다. 그러면 측은지심이 생긴다. 어떤 알람 시계가 있어야 소비자가 불안해하지 않고 만족하며 사용할 수 있을까? 이렇게 상대방의 입장을 생각하면 기발한 아이디어가 나오고 새로운 알람 시계가 등장한다. 앞서 소개한 알람 시계들도 인간의 측은지심, 즉 공감 능력에서 시작해 상상력으로 아이디어를 낸 다음 현장에 적용한 결과물이다.

04

타자의 아픔을 사랑할 때
혁신이 시작된다

대학교수가 쓴 개론서를 읽고 눈물을 흘려본 사람이 있을까? 경영학 개론, 심리학 개론, 교육학 개론 등많은 개론서는 자신이 직접 겪은 이야기보다는 남의이야기를 논리적으로 편집하고 설명을 추가해서 저술한 책이다. 그래서 아무리 열심히 읽어도 눈물이 나지않는다. 사람들은 심장에 꽂히는 이야기에 감동한다. 공감 능력은 머리에 의미를 꽂아서 이해시킬 때가 아니라, 타자의 아픔을 가슴으로 느껴서 심장에 의미를꽂을 때 나온다. 감동을 받으면 행동하게 된다. 거꾸로이야기하면 누군가를 행동하게 만드는 방법은 그 사람을 감동시키는 것이다. 감동을 주려면 내가 직접 몸으로 겪어본 이야기를 가지고 사람들을 설득해서 의미를 심장에 꽂아야 한다. 재미가 없는 의미는 견딜 수 없는 답답함이고, 의미가 없는 재미는 참을 수 없는 가벼움이다. 나는 항상 생각한다. 이 책은 재미있을까? 내 말이 의미가 있을까? 책이든 강의든 삶이든 직장에서 하는 일이든 재미있고 의미 있어야 살맛이 나지 않을까.

혁신적인 신제품의 비결:
타자의 아픔을 포착하는 공감 능력에서 비롯

자면서 운동할 수 있는 기계는 어떨까? 운동할 시간이 없는 사람들의 아픔을 가슴으로 사랑한 사람이 자면서 운동할 수 있는 기계를 개발한다. 근육을 기계에 연결해서 잠을 자는 동안 자동으로 몸이 움직이게 하는 것이다.

아침마다 면도하기가 귀찮아 죽을 것 같은 남성들의 아픔을 가슴으로 사랑한 사람이 자동으로 면도가 되고 이발도 되는 기계를 개발한다. 또는 외출할 때 화장하기 귀찮은 사람을 위해서 1초 만에 메이크업이 완성되는 기계를 만든다. 이런 기계는 누가 만들까? 머리좋은 사람이 아니다. 타인의 아픔을 가슴으로 사랑한 사람, 타인의 불편함, 타인의 불안함, 타인의 불만족스

러움을 가슴으로 사랑한 사람들이 만든다.

인간이 갖고 있는 놀라운 경쟁력인 상상력은 타인의 아픔을 포착했을 때 발휘된다. 바로 그때, 이 세상을 뒤집어엎을 만한 뜻밖의 혁신적 제품이 나온다. "이 세상에 부족한 것은 사랑이 아니라 상상력이다." 복거일 소설가의 『아무것도 바라지 않는 죽음 앞에서』*에 나온 말이다. 거리에서 전단지를 나눠주시는 어르신들을 본 적이 있을 것이다. 전단지를 돌려서 받은 일당으로 하루를 먹고 사는 분들도 있다. 왜 전단지를 뿌리고 있을까 생각하며 상대방의 입장을 상상하는 사람은 그 앞을 그냥 지나치지 않고 한두 장쯤 받아줄 수 있다. 전단지 한 장을 받는 것은 그리 대단한 일이 아니다. 그 사람의 마음에는 단 한 가지, 전단지를 돌리는 보이지 않는 노동에 대한 상상력이 발휘된 것이다.

공감 능력과 상상력은 이렇게 연결된다. 이 세상을 주변부터 변화시키는 사람, 앞장서서 뭔가를 리드하는 사람, 그리고 변화와 혁신을 일으키는 사람은 어떤 사람인가. 타인의 아픔을 가슴으로 사랑하는 사람, 측은지심을 가진 사람, 즉 공감 능력이 뛰어난 사람이다. 타

---

* 복거일, 『아무것도 바라지 않는 죽음 앞에서』, 문학과지성사, 1996.

인의 아픔을 나의 아픔처럼 사랑한 나머지 그 아픔을 치유하기 위해서 몸을 던지는 사람이야말로 상상력을 발휘하여 여러 가지 아이디어를 끊임없이 발굴해낼 수 있다.

소주를 기체 상태로 마시는 소주 가습기

용접 일을 했을 때 소주를 참 많이 마셨다. 지금은 소주를 마시면 몸에서 이상 반응이 일어난다. 소주를 못 마시는 사람과 소주를 잘 마시는 사람이 모여서 삼겹살 회식을 한다고 가정해보자. 소주를 잘 마시는 사람은 삼겹살에 소주를 곁들여 맛있게 먹는다. 하지만 나처럼 소주를 못 마시는 사람은 소주 대신 물을 마신다. 소주를 잘 마시는 사람이 나처럼 소주를 마시지 못하는 사람의 아픔을 가슴으로 사랑하면 측은지심이 발동되어 공감 능력이 생긴다. 소주를 잘 마시는 사람은 그 공감 능력을 기반으로 상상력을 발휘해 소주를 못 마시는 사람에게 어떻게 하면 소주를 잘 마시게 할 수 있을지 다양한 아이디어를 낸다. 그런 과정을 거쳐 나온 기발한 제품이 바로 소주 가습기다. 소주를 액체 상태로 마시지 못하는 사람을 긍휼히 여긴 나머지 다른 방식으로 소주를 마실 수 있는 혁신적인 방법을 고안한 것이다. 소주 가습기만 있으면 소주를 기체 상태로 흡입할 수 있다. 그야말로 새로운 소주 음주법이다. 소주 기체 시장을 개척한 사람은 머리 좋은 사람이 아니라 소주를 액체 상태로 마시지 못하는 사람의 아픔을 가슴으로 사랑하는 사람이다.

4부

**지식으로
지시하지 말고
지혜로 지휘하라**

답이 정해져 있는 물음에 대해서 빠른 시간 내에 답을 찾아내는 능력이 지능이라면 답이 없는 딜레마 상황에서 주어진 물음에 대해 다시 묻는 능력이 지성이다. 지성은 실천적 지혜를 개발하는 원동력이다. 실천적 지혜는 딜레마 상황에서도 무엇이 올바른 의사결정인지를 심사숙고하면서 판단한 다음 올바르게 실천하는 능력이다.

01

질문에 반문할 때
지혜가 싹튼다

실천적 지혜를 개발하기 위해서는 지능만이 아니라 지성이 필요하다. 지능은 무엇이고 지성은 무엇일까. 『슈퍼제너럴리스트』*라는 책에서 고개를 끄덕이게 하는 정의를 발견해 소개한다. '지능'이란 '답이 정해져 있는 물음에 대해서 재빨리 답을 내는 능력'이고, '지성'이란 '답이 없는 물음에 대해서 물음을 던지는 능력'이다. 이 시대에 우리한테 진짜 필요한 능력은 정해진 답을 빠른 시간 내에 찾아내는 능력이 아니라 물음을 던지는 능력이다. '과연 저것만이 정답일까? 저런 답밖에 없을까?' 물음에 물음을 던지고, 질문에 대해

---

* 다사카 히로시, 『슈퍼제너럴리스트』, 최연희 옮김, 싱긋, 2016.

서 반문할 때 우리가 이제껏 생각해보지 못했던 뜻밖의 지혜가 열리기 시작한다.

책상 앞에 앉아 열심히 공부해서 데이터를 정보로 바꾸고 그 정보를 문제상황에 적용하면 지식을 만들어낼 수 있다. 하지만 지혜는 실제 현장에서 직접 경험하는 과정을 통해 생긴다. 『위키노믹스』*를 쓴 돈 탭스콧과 앤서니 윌리엄스는 이렇게 말했다. "지식은 학습으로부터 나오고, 지혜는 삶으로부터 나온다." 삶이라는 현장에서 매일 조금씩 어제와 다르게 살아보며 시행착오를 겪고, 도전과 실패를 경험하는 과정에서 몸에 남겨진 아픔, 흔적, 얼룩, 무늬 같은 것들이 연결되어 지혜가 탄생한다.

양자택일과 양단불락

이것이냐 또는 저것이냐. 양자택일은 둘 중 하나를 선택하는 것이다. 지혜는 양단불락兩端不落, 즉 양극단을 떨어뜨리지 말고 하나로 끌어안는 사고방식 속에서 탄생한다. 조금 더 쉽게 풀어보자. 우리말에 '오르락내

* 돈 탭스콧, 앤서니 윌리엄스, 『위키노믹스』, 윤미나 옮김, 21세기북스, 2007.

리락'이라는 말이 있다. 올라가는 걸까 내려가는 걸까? 양단불락이다. 엘리베이터는 원래 직역하면 올라가는 기계란 뜻이다. 그런데 우리말로 하면 승강기昇降機, 오르내리는 기계다. 들락날락, 시원섭섭이란 말도 있다. 이 책을 거의 읽은 이 시점에 독자 여러분도 시원섭섭하시리라 생각한다. 이것은 시원한 걸까, 섭섭한 걸까? 귤을 서너 개만 달라고 하면 세 개를 줄까, 네 개를 줄까? 몇 개를 주든지 상관없다. 이처럼 양단불락적 사고는 이미 우리 언어에 들어 있다. 양쪽 극단 중에서 하나를 선택하지 않고 두 가지 모두를 끌어안으려는 안간힘 속에서 생각지도 못한 지혜가 탄생한다.

어머니가 환기를 좀 시키자며 창문을 열라고 한다. 아버지는 모기가 들어오니까 창문을 닫으라고 한다. 창문을 열라는 어머니와 닫으라는 아버지. 어떻게 하면 두 분의 욕망과 요구를 동시에 들어드릴 수 있을까? 이 딜레마를 탈출하는 방법은 방충망을 설치하는 것이다. 바람이 들어오게 창문도 열 수 있고, 모기가 들어오지 않게 할 수도 있다. 방충망이라는 해결책에는 이런 딜레마 상황에서 둘 중 하나를 선택한 게 아니라 두 가지를 다 끌어안으려고 노력한 과정이 담겨 있다. 위대한 실천적 지혜의 탄생이다.

정상적이지 않은 문제상황이 비정상적 지혜를 낳는다

인간의 지혜가 탄생하는 때는 언제인가. 이제껏 들어본 적 없는 새로운 질문을 던질 때, 사람들이 정상이라고 생각했던 것에 물음표를 던질 때다. 앞서 언급했듯 '선풍기에는 꼭 날개가 있어야 할까?'라는 생각에서 날개 없는 선풍기가 나온 것도 놀라운 지혜의 산물이다. 선풍기에는 날개가 있는 게 당연하다고 생각하는 사람들은 계속 기존 지식에 머물러 있다. 누군가가 거기에 새로운 질문을 던졌을 때, 인간의 지혜가 발동되기 시작한다. 특히 당연함을 부정하는, 가정을 없애는 발상에서 전대미문의 지혜가 탄생한다.

인간은 언제 '지능'이 아니라 '지성'으로 사유하는가

어느 학자가 한 선원에게 물었다. "이제껏 공부를 해본 적이 있소?" 선원이 없다고 하자 학자는 "당신 인생의 절반을 낭비했구려"라고 말했다. 이번에는 선원이 학자한테 물었다. "당신 수영할 줄 아시오?" 학자는 모른다고 대답했다. 그러자 선원은 이렇게 말했다. "당신 인생의 절반을 낭비했구려. 지금 배가 가라앉고 있소." 페르시아의 종교인이자 철학자 루미가 학자와 선원에 관해 들려준 한 편의 우화다. 학자는 책상에 앉아 열심히 공부해서 수영하는 방법을 배웠지만 실제로 수영을 하지는 못했다. 배가 가라앉을 때 탈출해서 살아남을 수 있는 능력이 없는 것이다. 공부를 열심히 했어도 그에게는 위기나 문제상황이 발생했을 때 그 난국을 돌파할 수 있는 실천적 지혜가 없었다. 선원은 책상에서 공부한 것은 별로 없지만 현장에서 경험을 쌓은 덕분에 위기를 벗어날 수 있었다.

실천적 지혜는 하던 일이 의도대로 잘 풀리지 않을 때 생긴다. 돼지는 척추가 수평으로 뻗어 있고 목에 가까워질수록 아래쪽으로 기울어지기 때문에 머리가 아래를 향한다. 자연스러운 방법으로는 하늘을 볼 수 없다. 그럼 돼지는 언제 하늘을 볼 수 있을까? 앞으로 걷다가 발을 잘못 디뎌 넘어지면 그때 비로소 하늘을 볼 수 있다. 정상적인 방법으로는 하늘을 볼 수 없었는데, 자빠지니까 평상시에 보지 못했던 새로운 가능성을 보게 된 것이다. 새로운 가능성은 자빠지고 넘어졌을 때 보인다. 인간은 실패를 겪으면 실패의 원인을 성찰한다. '이렇게 하니까 안 되는구나. 다음에는 다른 방법을 써봐야겠구나' 하고 실패하는 순간 깨닫는다. 한 번 자빠졌던 돼지도 그 뒤로는 하늘을 보고 싶을 때마다 일부러 자빠져서 눕지 않을까?

지능이 주어진 질문에 대해 빠르게 정답을 찾는 능력이라고 한다면, 지성은 이미 정답이라고 생각했던 것들에 자꾸 질문을 던지는 능력이다. 그래서 지성이 발동되는 순간은 기존 지식만으로 문제가 해결되지 않을 때다.

비정상적인 상황이 눈앞에 펼쳐지면 우리는 뭔가 다른 해결책이 필요하다고 판단한다. 그러고는 머리를 쓰기 시작한다. 그러면서 지성이 발달한다. 아침에 출근했는데 사무실에 뱀이 있다고 생각해보자. 분명 정상적이지 않은 상황이다. 그 문제에 어떤 식으로 대응해야 할까? 그냥 앉아서 일을 해도 될까? 모여서 회의를 해야 할까? 뱀이 왜 들어왔는지 원인을 분석하고 대책을 수립하기 위한 회의를 하는 사이에 뱀에게 다리를 물릴지도 모른다.

어제와 다른 도전을 하면 어제와 다른 실패를 경험하게 되고, 어제와 다른 실패는 어제와 다른 실력을 쌓는 원동력이 된다. 역산해보면 어제와 다른 실력을 쌓기 위해서는 어제와 다른 실패를 경험해야 하고, 어제와 다른 실패를 경험하기 위해서는 어제와 다른 도전을 해야 한다. 비슷한 실패를 반복하는 것은 어쩌면 실패에 대해 성찰하지 않아서일 수도 있다. 그래서 실력을 낳는 실패에는 어제와 다른 실패라는 전제 조건이 필요한 것이다. 어제와 다른 실패는 어제와 다른 도전을 했다는 반증이다.

구멍가게 주인과 경영학자의 경영 방식

여기 가상의 구멍가게 주인과 경영학과 교수가 있다. 두 사람에게 한 달간 구멍가게 경영을 맡기면 누가 더 많은 수익을 낼까? 경영학에도 세부 전공이 많다. 인사, 조직, 생산, 품질, 마케팅, 구매 등등 별의별 게 다 있다. 내 생각에 경영학과 교수는 자기가 전공한 분야밖에 모르기 때문에 구멍가게 경영이 쉽지 않을 것 같다. 구멍가게 주인은 생산, 구매, 인사, 조직, 홍보, 마케팅, 재무, 회계를 본인이 다 한다. 이 가상의 경영 대결은 경영학자보다 구멍가게 주인에게 유리하다. 책상머리 지식은 별로 많지 않더라도 실제 현장에서 다양한 손님들을 만나며 그때그때 체득한 삶의 지혜가 있기 때문이다. '경영'에 '학學' 자가 붙어서 '경영학經營學'이 탄생하고 '교육'에 '학學' 자가 붙어서 '교육학教育學'

이 탄생한다. '정치'에 '학學'이 붙어서 '정치학政治學'이 탄생하고, '행정'에 '학學'이 붙어서 '행정학行政學'이 탄생한다. 실천 현장의 역동성과 복잡성이 분과학문으로 연구될수록 현장과 멀어지는 관념적 학문이 탄생하는 까닭은 무엇일까? 경영학자가 경영 전반을 연구하지 않고, 교육학자가 교육 전반을 연구하지 않는다. 정치학자가 정치 전반을 연구하지 않고, 행정학자가 행정 전반을 연구하지 않는다. 분과학문 내에서도 전공을 또 나눠서 자기 분야만 깊이 파고든다. 전공이 세분화되고 깊이가 심화될수록 전공의 연구 대상인 현장과는 거리가 멀어지고 괴리감만 깊어지는 이유다. 전문지식은 심화되지만 현장을 종합적으로 바라보는 안목과 식견이 어울려 지혜가 생기지는 않는다.

02

실패 경험이 방법 개발 전문가를 낳는다

지하철을 예로 들어서 실천적 지혜에 대해 살펴보자. 지하철을 타는 순간 우리가 첫 번째로 취하는 동작은 무엇일까? 빈자리가 있는지 확인한다. 빈자리가 없을 때 두 번째로 취할 수 있는 동작은 무엇일까? 금방 내릴 것 같은 사람 앞에 가서 서 있다. 이 사람이 금방 내릴지 안 내릴지 판단하게 하는 것은 머리로 오는 앎이 아니라 가슴으로 오는 느낌이다. 이는 무척 중요한 사실이다.

언제나 앎보다 느낌이 빠르다. 느낌이 먼저 온 다음에 머리로 올라가서 앎이 생긴다.

그런데 느낌이 잘못 올 때도 있다. 뒤늦게 이런 느낌이 들면 문제가 생기기 시작한다. 이 상황에서 데이터

171

그림 **책상머리 지식과 체험적 지혜의 차이**

| Data | Infor—mation | Know—ledge | Wisdom |

의미없이
발생하는
산만한 현상

체계화된
자료

체험적
깨달음이
추가된 정보

축적된
식견과
혜안

는 금방 내릴 것처럼 보이는 모든 산만한 현상이다. 예를 들면 가방을 싼다거나, 역을 확인한다거나, 핸드폰을 잠그는 등 금방 내릴 듯한 불안한 행동거지와 표정이 데이터다. 이것을 구조화하고 조직화해서 엮어내면 그게 정보가 된다. 그러니까 체계화된 데이터가 곧 정보다.

이 정보를 문제상황에 적용하면 자기의 깨달음이 더해져 지식이 된다. 내가 가지고 있는 정보를 토대로 다음 역에 내릴 것 같은 사람 앞에 섰다고 해보자. 내 느낌대로 이 사람은 다음 역에서 내렸다. 그런데 그 빈 자리에 앉으려고 하는 순간, 생각지도 못한 사고로 자리 잡기에 실패했다. 무슨 일이 일어난 걸까? 내린 사람의 옆자리에 있던 사람이 나보다 빠른 속도로 자리를 옆으로 옮기면서 자기 앞에 있던 친구를 자기 자리에 앉힌다.

한 번 자리 잡기에 실패했다면 같은 실패를 반복하지 말자. 똑같은 행동을 반복하면 실패도 반복된다. 가운데 두 사람 사이에 양다리 걸치고 서 있는 자세를 취하면 어떨까? 아니면 약간 사선으로 서는 방법도 있겠다. 이렇게 행동에 변화가 왔다. 내 행동에 변화를 불러온 것은 책상에서 열심히 확률을 계산해서 알게 된 사실이 아니다. 내가 지하철을 타고 직접 당해봐서 알게 된 사실이다. 생각만 해본 사람은 실제로 당해본 사람을 못 당한다. 생각지도 못한 사고事故를 당해야 생각지도 못한 사고思考가 생긴다. 실패를 해본 경험이 생각지도 못한 방법을 낳는다. 방법 개발 전문가는 책상에서의 공부가 아니라 실전 경험을 통해 겪은 시행착오 속에서 탄생한다.

경험의 한계와 시야의 재구성

이것은 여러분과 공유하고 싶은 가장 중요한 메시지다. 방법 개발 전문가는 생각만 하는 사람, 생각을 거듭하고 아이디어를 내며 오만 가지 해결책을 구상하는 사람이 아니다. 직접 실행해보지 않으면 상상력에서 나온 아이디어가 현장에 구현될 수 있는지를 알 수 없다.

잘못된 아이디어인지 적절한 아이디어인지 알 수 있는 유일한 방법은 나가서 해보는 것이다. 지혜는 실천하고 시행착오를 겪어보는 과정에서 나온다.

03

성공 체험의 덫, 휴브리스

수주대토守株待兔라는 사자성어가 있다. 농부가 농사를 짓는데 어느 날 토끼가 전속력으로 달려와서 나무 그루터기에 부딪혀 죽었다. 그러자 이 농부는 농사를 집어치우고 혹여 토끼가 다시 올세라 계속 나무 그루터기만 지켜보았다. 경험은 굉장히 중요하지만, 계속 업데이트하지 않으면 오히려 상상력을 가로막을 수 있다. 우리는 경험으로부터 소중한 지혜를 배우기도 하고, 그 경험으로 인해 다른 생각을 하지 못하기도 한다. 수주대토는 성공 체험에 물든 나머지 그 성공의 노하우를 전혀 다른 상황에 반복해서 적용하려는 인간의 어리석음을 지적하는 말이다.

입력은 고장 났는데 출력만 살아 있는 사람을 꼰

대라고 한다. 꼰대는 군대 갔다 와서 축구한 이야기를 10년 동안 하고, 자기가 왕년에 잘나갔다는 이야기를 20년 동안 한다. 과거에 성공했던 경험을 버리지 않고 그대로 가지고 있으면 그 경험은 상상력, 창의력, 지혜를 개발시키는 원동력이 아니라 그것을 가로막는 장벽이 된다. 역사학자 아놀드 토인비는 휴브리스hubris라는 개념을 정립한 바 있다. 휴브리스란 한마디로 성공 체험의 덫이다. 권력을 잡은 정치 집단이 그 순간의 성공 체험을 또 다른 상황에 반복해서 적용하는 오류에 빠지는 것도 휴브리스라고 한다. 페르디낭 드 레셉스 Ferdinand de Lesseps는 19세기 인물로, 프랑스의 유명한 엔지니어다. 수에즈 운하 개통으로 대성공을 거둔 그는 수에즈 운하의 공법 그대로 파나마 운하 건설을 시작했다. 결과는 대실패였다. 지형과 기후 같은 환경은 물론 주변 상황이 크게 다른데도 불구하고 과거에 성공했던 경험을 일반화시켜 반복해서 적용하려 했던 탓이다. 경험은 분명 실천적 지혜를 탄생시키는 중요한 기반이자 원동력이다. 하지만 그 경험을 어제와 다르게 계속 업데이트해나가지 않으면 수주대토나 휴브리스의 예처럼 상상력에 발목을 잡힐 수도 있다는 점을 명심해야 한다.

04

머리로 알기 전에
가슴으로 느낌이 온다!

신라호텔에 있다가 청담동에 스시집을 차린 안효주 셰프가 있다. 그의 별명은 '미스터 초밥왕'이다. 이분이 초밥을 만들 때 밥을 집으면 정확히 350개의 밥알이 집힌다. 한 TV 프로그램에서 실제로 그 밥알을 하나하나 세어봤더니 두 번째도 350개, 세 번째도 350개였다. 정말 놀라운 솜씨다. 그렇다면 밥알 350개를 집는 방법을 매뉴얼로 만들 수 있을까? 손을 씻는다. 밥을 집는다. 350개가 아닌 것 같다. 놓는다. 다시 밥을 집는다. 이런 과정은 절대 프로세스로 만들 수 없다. 안효주 셰프가 밥알 350개를 집는 방법 역시 구체적인 언어로 표현할 수 없다. 그냥 손의 감각으로 익히는 것이기 때문이다. 엄마들의 요리법도 비슷하다. "밥을 지을 때

물은 얼마나 넣을까요?" 하고 물으면 "자작하게", "고춧가루는 얼마나 뿌릴까요?" 하고 물으면 "적당히"라는 대답이 돌아온다. 이를 계량화시켜서 담근 김치는 맛이 똑같을까? 똑같지 않다. 그 미묘한 맛의 차이를 우리는 손맛의 차이라고 부른다. 엄마의 김치 담그는 노하우는 머리에 들어 있지 않다. 손에 들어 있다. 이런 지식은 머릿속에 들어 있지 않고 몸속에 스며들어 있다. 체화된 지혜, 육화된 지혜다. 그래서 자료나 정보처럼 문서화해서 전달할 수 없고, 기술을 통해 시스템에 저장할 수도 없다. 손가락의 미묘한 감각으로 익힌 실천적 지혜는 머리로 알기 전에 가슴으로 느낀다. 가슴이 오늘 느낀 것을 머리는 내일 이해한다. 언어화할 수 없을 때는 그저 느낌이었다가 정리가 되고 나면 머릿속에 지식이 생기는 것이다. 실천적 지혜는 A도 아니고 B도 아닌 상황, 여기도 아니고 저기도 아닌 회색지대에서 탄생한다. 하나의 정답이 존재하지 않지만 지금 당장 어떤 판단을 내리거나 의사결정을 하지 않으면 안 되는 딜레마 상황에서 그 상황을 감지하고 숙고하는 과정 중에 생긴다. 그리고 경험을 통해 얻은 놀라운 깨달음을 언어로 벼리고 벼려서 표현하고 전달할 때 생긴다. 어떤 광경을 목격하고 "아름답구나"라고 말했을 때, 우리가 표현한 언어와 우리가 목격한 아름다운 광경 사이에는 어쩔 수 없는 간극이 있다. 그 아름다움을 언어로 표현하는 능력이 부족하거나 표현할 수 있는 언어가 부재하기 때문에 완벽하게 묘사할 수 없는 것이다. 소설가 배수아는 이를 '언어의 틈새'라고 불렀다. 적확한 단어를 찾아 끊임없이 이 틈새를 좁혀보려고 노력할 때, 놀라운 체험적 지혜를 표현하는 언어가 탄생할 수 있다. 실패 체험은 얼마나 아픈 것인가. 그 아픈 교훈을 그냥 흘려보내지 않고 실패의 장면을 계속 성찰하며, 그 실패에 관여했던 변수들 사이의 관계를 배우면서 얻어지는 것 역시 실천적 지혜다.

주가드와 브리꼴레르의 지혜

이런 실천적 지혜를 탄생시키는 또 다른 상황을 나타내는 말로 주가드Jugaad라는 것이 있다. 힌디어로 즉흥적이고 대담하게 기발한 해결책을 고안하는 능력을 뜻하는 단어다. 세계 최고의 경영자들과 노벨상 수상자들, 여러 예술가를 배출한 인도인의 학습 비결로 '주가드'를 꼽는 사람이 많다. 매뉴얼이나 성공 방정식에 의존하지 않고 해결책을 궁리하는 과정에서 지혜가 탄생한다. 이 주가드를 다른 말로 하면 브리꼴레르 bricoleur*라고 생각한다. 브리꼴레르는 어려운 단어이지만, 맥가이버를 떠올리면 쉽게 이해할 수 있다. 맥가이버는 위기에 처했을 때 현재 가용한 지식과 정보, 도구를 이용해서 문제상황을 해결한다. 그는 매뉴얼을 참고하지 않는다. 우리도 맥주를 마셔야 할 때 병따개가 없으면 순가락을 사용한다. 순가락을 병따개로 변형 적용해서 지금 직면해 있는 문제상황을 해결한다. 그런 역경을 뒤집어 경력으로 만드는 실전형 인재를 브리꼴레르라고 한다. 실천적 지혜를 만드는 사람은 책상에 앉아서 잔머리 굴리는 사람이 아니다. 나가서 이렇게도 해보고 저렇게도 해보며 '이럴 때는 이런 도구와 지식이 필요하구나'라는 것을 순간적으로 깨닫는 사람이다. 거기에 맞는 대안들을 현장에서 즉석으로 만들어내기도 한다. 이런 임기응변의 달인들이야말로 실천적 지혜를 가진 사람이다.

* 유영만, 『브리꼴레르』, 쌤앤파커스, 2013.

지혜는 사건과 사고의 합작품

지혜는 책상에서 얻을 수 없는 육체노동의 산물이다. 몸이 개입해서 만들어낸 신체성의 결과다. 지혜는 사건과 사고에서 나온다. 사고와 사건은 어떤 차이가 있을까? 쉽게 말해서 사람이 개한테 물리면 사고이고, 사람이 개를 물면 사건이다. 사건을 일으키면 사연이 생긴다. 말 못 할 사연은 사건이 잉태한 산물이며, 그 사연에서 놀라운 사유가 발달한다. 사고事故당하면 사고思考가 바뀐다. 그래서 사건이 많은 사람은 독특한 사유를 지니고, 사고事故당한 경험이 많은 사람은 보통 사람과 다른 사고思考를 할 수 있다.

실천적 지혜를 기르기 위해서 대학을 하나 만들 계획이다. 들이대학교 저질러학과 뒷수습 전공이다. 들이대학교의 교과목은 역발상 강론, 한계 도전 인턴십, 불장난 실습이다. 학생들은 역발상과 한계에 도전하는 방법을 배우며, '불가능하다'에서 '불不'을 떼어내고 '가능하다'로 만드는 실습을 한다. 부속 고등학교도 하나 있다. '아님 말고'다. 부속 중학교는 들이대는 중, 부속 초등학교는 애당초, 부속 유치원은 동심원이다. 세상을 바꾸는 사람은 앉아서 아이디어를 내는 사람이 아니라 나가서 들이대고 안 되면 다시 하는 사람이다. 그렇게 도전하면서 어제와 다른 도약 방법을 몸으로 터득하는 것이다.

뭔가를 시작하기에 완벽한 때는 오지 않는다. 완벽한 때를 기다리다가는 몸에 때만 낀다. 지금 들이대고 저지르자. 친구한테 "우리 언제 밥 한번 먹자" 하고는 진짜로 밥 한번 먹는 사람이 있을까? 언제 밥 한번 먹자는 말은 밥을 먹기 싫다는 말과 같다. 정말 밥을 먹고 싶다면 친구와 몇 월 며칠 몇 시에 어디에서 만날지 약속을 잡아야 한다. 플레이스테이션4 광고 카피 중에 "허락보다 용서가 쉽다"는 문구가 있다. 생각보다 높은 가격 때문에 아내들은 남편의 게임기 구입을 쉽게 허락하지 않는다. 그러니까 우선 카드로 결제한 다음 용서를 구하라는 뜻이다. 오래 고민한다고 해서 답이 나오지 않는다. 일단 실행한 다음, 문제가 있으면 그 부분만 수정하고 보완해서 다시 하면 된다. 장고長考는 악수惡手를 부를 뿐이다.

들이대학교 옆에 학교가 하나 생겼다. 걱정대학교 부정학과 자포자기 전공. 걱정대학교 1학년은 걱정 심리학 개론을, 2학년 때는 분위기 다운학 개론을 듣고 3학년이 되면 헐뜯기 연습을 한다. 이런 것을 계속 배우다 보면 세상을 바꾸는 사람이 아니라 세상을 부정적으로 바라보는 사람이 된다. 걱정대학교에 가지 말고 들이대학교에 입학해야 한다. "걱정을 해서 걱정이 없어지면 걱정이 없겠네"라는 말을 들어봤을 것이다. 우리는 걱정해도 어쩔 수 없는 일들을 걱정하며 산다. 걱정으로 문제가 해결될 확률이 희박함에도 불구하고 걱정을 반복한다. 우리에게 필요한 것은 지난 과거를 후회하거나 오지도 않은 미래를 미리 붙잡고 걱정하는 일이 아니다. 지금 이 순간 선물로 주어진 소중한 현재를 만끽하는 것이다.

05

실천적 지혜는
딜레마 속에서 탄생된다

아리스토텔레스가 말하는 실천적 지혜, '프로네시스'

지금까지 이야기한 '실천적 지혜'는 내가 만든 단어가 아니다. 사실은 아리스토텔레스가 이미 『니코마코스 윤리학』*이라는 책에서 '프로네시스Phronesis'라는 용어로 실천적 지혜를 자세하게 논의한 바 있다. 실천적 지혜란 무엇인가? 2008년 미국 디트로이트에서 일어난 유명한 사건이 있다. 한 남자가 일곱 살 난 아들을 데리고 야구장에 갔다. 레모네이드를 마시고 싶다는 아들의 말에 매점으로 간 남자는 순간 실수를 저질

---

* 아리스토텔레스, 『니코마코스 윤리학』, 강상진·김재홍·이창우 옮김, 도서출판 길, 2011.

렀다. 레모네이드라는 글자만 보고서 알코올 도수 5도 짜리인 성인용 마이크 하드 레모네이드를 구입한 것이다. 남자는 자신의 자리로 돌아와 아들에게 그 레모네이드를 주었다. 그런데 지나가던 보안요원이 어린이가 알코올 도수 5도짜리 레모네이드를 들고 있는 모습을 보고 곧바로 경찰에 신고했다. 남자는 미성년 자녀에게 성인용 음료를 사주었다는 죄로 잡혀갔고, 아이는 보호 차원에서 부모와 분리되어 3일간 아동 보호소에 위탁되었다. 병원 검사 결과 아이에게는 아무런 이상이 없었다. 아버지의 행동이 실수였다는 사실도 밝혀졌지만, 판사는 아이가 집에 귀가한 뒤에도 아버지와 3주간 따로 지내야 한다고 판결했다. 이전의 관행을 그대로 따른 조치였다. 아리스토텔레스는 이런 판사가 실천적 지혜가 없는 대표적인 경우라고 지적한다. 몇 가지 숙고를 요구하는 질문을 던져보자.

첫 번째, 매점 주인은 알코올 도수 5도짜리 음료를 아들이 먹을 것을 전제로 팔았나, 아버지가 먹을 것을 전제로 팔았나? 아버지가 먹을 것을 전제로 팔았다. 두 번째, 아버지는 그 음료가 알코올 도수 5도짜리라는 사실을 알고 샀나, 모르고 샀나? 모르고 샀다. 세 번째, 아들은 아버지에게 받은 음료가 알코올 도수 5도짜리인 것을 알고 마셨나, 모르고 마셨나, 혹은 마시지 않았나? 불명확하다. 이렇게 연쇄적으로 일어난 실수에 대해 관습적인 판단과 판결이 나왔다. 매점 주인이 알코올 도수 5도짜리 음료를 누가 마실지 모르고 팔았던 상황, 아버지가 알코올 도수 5도짜리인 것을 모르고 샀던 상황, 아들이 알코올 도수 5도짜리인 것을 모르고 받았던 상황을 숙고하는 판사라면 그런 판결을 내리지 않았을 것이다.

이 일은 아동 보호와 부모의 실수 가능성에 대한 경각심을 불러일으켰고, 이후 마이크 하드 레모네이드사는 일반 레모네이드와 알코올 레모네이드를 구별하기 쉽도록 음료의 포장지를 바꿨다. 여기서 중요한 능력은 장고 끝에 검토하고 또 검토한 다음에 적극 검토하는 것이 아니다. 이런 식의 검토 능력은 실천적 지혜의 최대 적이다. 내가 어떻게 판단하고 행동해야 상대방에게 최소한의 피해와 최대한의 이익을 줄 수 있는지 심사숙고하되, 빠른 판단을 거쳐 의사결정을 한 다음 과감하게 실천해야 한다. 올바른 방법으로 올바른 판단을 내리고 올바른 실천을 하는 능력. 바로 이것을 아리스토텔레스는 프로네시스, 실천적 지혜라고 했다.

디트로이트에서 일어난 사건은 상황에 따른 도덕

적 판단과 실천적 지혜를 발휘하지 않고 그냥 관례대로 규율과 절차에 따라 법 집행을 감행한 판사의 고지식함이 가져온 어처구니없는 사례다. 실천적 지혜는 단순한 사실관계나 법률과 규칙이나 원칙, 직무 기술을 아는 것만으로는 얻을 수 없다. 서로 갈등하는 몇 가지 선의의 목표를 조율하거나 어느 하나를 골라야 하는 실천적이고 도덕적인 기술이 필요하다.

상황적 특수성을 고려하지 않고 절차와 규율만 고수하는 전문가가 많을수록 어처구니없는 일들이 벌어지는 경우가 많아진다. 원칙은 소중하지만 도덕적 판단이 실종된 원칙은 예기치 못한 역기능이나 폐해를 일으킬 수 있다. 위 사례는 규율이 맥락에 대한 이해 없이 적용되어서는 안 된다는 점을 보여주고 있다. 원칙은 또 다른 원칙과 갈등하지만 조율되어야 한다. 엄격한 규율과 교조적인 원칙이 상황 판단과 조율에 필요한 실천적 지혜를 주변으로 몰아낸다면, 훌륭한 판단은 기대하기 어렵다.

사람들은 의사결정을 해야 할 변수가 복잡해지고 잘못 판단할 경우 자신에게 돌아오는 부정적 역기능이나 폐해를 두려워하는 나머지 이전의 관례나 조직에서 통용되는 매뉴얼 또는 지침을 따르려는 습관적인 본성을 갖고 있다. 실천적 지혜는 특정한 환경에서 특정한 대상에게 특정한 시점에 맞추어 올바른 일을 올바르게 판단하고 추진하는 능력이다.* 다시 말해서 실천적 지혜는 무엇인가를 선택해야 하는 상황에서 딜레마 상황이 요구하는 문제의 본질을 인지하고, 주어진 상황에서 취할 수 있는 최선의 대안을 선택한 다음 올바른 방법으로 실행에 옮기는 능력이다. 아리스토텔레스의 실천적 지혜는 전례나 관례가 있다고 모든 사안을 전례나 관례대로 판단하지 않고, 일의 참된 목적에 비추어 볼 때 주어진 상황에서 가장 올바르게 행동하기 위해서는 어떻게 해야 되는지에 대해 숙고하며 도덕적으로 판단하는 능력이다. 한 마디로 실천적 지혜는 일의 참된 목적에 비추어 내리는 올바른 상황 판단력이다.

인공지능에게는 이런 실천적 지혜가 없다. 인공지능은 흑백 논리로 정답이 정해져 있는 상황에서 복잡하게 얽혀 있는 실타래를 빠르게 풀어낼 수 있다. 그러나 회색지대와 딜레마 상황에서 정답이 정해져 있지 않은 모호하고 불확실한 사안에 관해서는 쉽게 판단을 내리지 못한다.

---

* 배리 슈워츠, 케니스 샤프, 『어떻게 일에서 만족을 얻는가: 영혼 있는 직장인의 일 철학 연습』, 김선영 옮김, 웅진지식하우스, 2012.

공감과 거리감의 중간 지대

실천적 지혜를 발휘하려면 공감과 거리감이 동시에 필요하다. 다른 사람들이 겪고 있는 아픔을 제대로 이해하지 못하면 올바른 판단을 할 수 없고, 다른 이의 관점에 너무 깊이 빠져들어도 주어진 상황을 냉철하게 바라볼 수 없다. 실천적 지혜를 보유하고 있는 리더 역시 사회적 맥락을 읽어내는 통찰력과 한 흑백 영역이 아니라 특정 상황이 낳는 미묘한 차이, 즉 회색지대를 간파하는 능력을 지닌다. 그래서 우리는 지능과 지식으로 해결할 수 있는 문제, 정답이 정해진 문제보다 정답이 없는 문제에 대해 질문을 던져야 한다. 예를 들면 의사는 환자의 아픔을 공감하기 위해 환자의 가슴속으로 파고 들어간다. 공감의 언어와 표정, 자세, 태도로 측은지심을 발동시킨다. 그러나 환자의 입장만 생각해서는 객관적으로 진료를 할 수 없다. 냉철하게 발을 빼고 조금 더 거리를 두고서 다시 한번 환자의 상태를 살펴볼 필요가 있다. 즉 공감과 거리감의 중간 지대를 오가며 어떻게 환자에게 말을 건네고 처방을 내릴까를 생각해야 한다. 의사의 실천적 지혜란 이런 것이리라.

삶을 바꾸지 않고 생각을 바꿀 수 없다

지금까지 4부에 걸쳐서 인공지능이 쉽게 흉내 내기 어려운 인간의 고유한 능력 네 가지를 살펴보았다. 인공지능 시대에 학습을 잘하려면 인공지능을 능가하는 네 가지 능력을 갖추어야 한다. 첫 번째, 호기심을 가지고 질문하는 능력. 두 번째, 타자의 아픔을 가슴으로 사랑하는 공감 능력. 세 번째, 공감 능력을 바탕으로 상상력을 발휘해 아이디어를 내는 연상 능력. 그리고 네 번째는 상상력만으로 바뀌지 않는 세상에서 직접 몸을 던져 그 아이디어를 현장에 구현하는 능력인 실천적 지혜다. 이 네 가지를 갖추고 있으면 소중한 사람들과 평생 재미있게 살면서 인류의 문명을 창조하는 위대한 리더가 될 수 있을 거라고 생각한다.

5부

'성적'을 뒤집으면 '적성'이 된다

인공지능 시대, 대체 불가능한 나다움을 드러내기 위해서는 남달라지려고 성적을 올리려는 노력보다 색달라지려고 적성을 찾는 노력을 할 필요가 있다. 역경을 뒤집어 경력으로 만드는 세상의 모든 리더는 색달라지려고 자기만의 적성을 기반으로 나다움을 추구하는 사람이다.

01

사(4)찰의 사이클:
관찰, 고찰, 통찰, 성찰

나는 시간이 날 때마다 자연의 무수한 생명체들이 어떻게 먹고사는지를 관찰하곤 한다. 모든 학습의 출발이자 혁신과 변화의 첫 단계는 관찰이다. 관찰을 통해 얻은 데이터를 궁리에 궁리를 거듭하면서 생각하는 게 고찰이다. 고찰하다 보면 무릎을 치는 큰 깨달음이 오는 순간이 있는데, 그게 바로 통찰이다. 그것을 다시 문제상황에 적용해서 어제와 다른 깨달음을 얻어 지혜를 만들어내는 게 성찰이라고 할 수 있다.

한번은 새를 관찰한 적이 있는데, 그 새는 지렁이를 잡아먹고 살았다. 비가 오는 날에는 지렁이가 많았다. 땅속에 있던 지렁이는 비가 오는 날을 귀신같이 알고 땅 위로 나왔다. 빗방울이 땅을 두드릴 때 생기는 미묘

그림 **지식 생태학자의 생태학적 상상력**

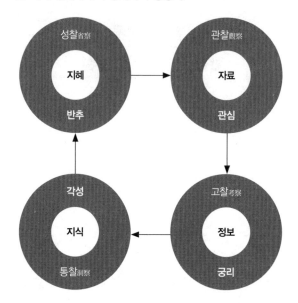

한 진동을 감지한다. 지렁이가 땅 위로 나오면 먹이가
생기니 새에게는 기쁜 일이다. 그런데 1년 365일 중에
서 비가 오는 날이 많을까, 비가 오지 않는 날이 많을
까? 평균적으로 비가 오지 않는 날이 많다. 비가 오지
않는 날은 지렁이가 땅속에 있기 때문에 새는 굶을 수
밖에 없다. 하지만 새는 비가 오지 않는 날에도 땅 위
에서 지렁이를 잡아먹으며 살고 있었다. 도대체 땅속에
있는 지렁이를 어떻게 불러냈을까?

194 　　　새는 평상시에 관심을 가지고 지렁이를 관찰한다.

그것을 정보로 바꿔서 생각한 끝에 비가 올 때마다 지렁이가 나온다는 통찰을 얻게 된다. 정보가 지식으로 바뀌면서 깨달음을 얻은 것이다. '비가 오면 지렁이가 나오는구나.' 이제 새는 머리를 쓴다. '비가 오지 않는 날에는 내가 지렁이에게 비 오는 신호를 보내야겠다.' 그래서 가뭄이 심하면 부리로 땅을 찍고 다닌다. 땅의 진동을 비 오는 신호로 학습한 지렁이는 '땅이 울리네?' 하고 나왔다가 마른하늘에 날벼락을 맞는다.

새 외에도 잡초, 꽃, 모기, 파리, 나무와 같은 자연의 생명체들은 관찰, 고찰, 통찰, 성찰을 통해 학습한다. 독자 여러분도 관심이 가는 주제가 있다면 시간이 날 때마다 관찰해보기를 바란다. 관찰, 고찰, 통찰, 성찰이라는 4찰의 사이클을 돌리면 많은 것을 배우고 익힐 수 있다. 결국 학습이라는 것은 자료를 정보로 바꾸는 순간부터 시작된다. 구체화하고 조직화하는 과정을 통해 자료는 정보로 바뀐다. 정보를 문제상황에 적용해서 깨달음이 추가되면 지식이 되고, 지식을 어제와 다른 상황에 적용해서 색다른 깨달음을 얻게 되면 지혜가 된다. 문제는 책상에서 공부하면 배울 수 있는 자료, 정보, 지식과 달리 지혜는 몸을 던져서 얻어야만 하는 깨달음이라는 점이다.

인공지능은 딥 러닝으로 지금껏 인간이 습득했던 모든 지식을 하룻밤이면 따라잡을 수 있다. 여기서 우리는 중요한 결론을 얻을 수 있다. 이대로 가만히 있으면 인공지능만도 못한 인간으로 전락할 수 있다는 점이다. 하지만 마지막 희망이 남아 있다. 바로 지혜다. 지혜는 인공지능이 쉽게 따라잡을 수 없는 인간의 고유한 능력이다. 인공지능은 지식을 갖고 있지만 지혜는 없다. 인공지능은 몸이 없기 때문이다. 지식은 머리의 산물이지만 지혜는 몸의 산물이다.

02

원員으로 끝나는 직업과
가家로 끝나는 직업의 차이는?

점점 쓸모가 없어지는 머리의 용도

오늘 약속이 있어 차를 몰고 나갔다. 약속 장소를 찾아가는 동안 스스로 길을 찾아보는 대신 내비게이션을 이용했다. 요즘 운전자들은 길을 모를 때 대부분 내비게이션이 알려주는 대로 따라갈 것이다. 내비게이션을 틀어놓고 길을 찾아가는 동안 머리를 쓰지 않는다. 이게 인간이 안고 있는 심각한 딜레마다. 기술이 발전하고 4차 산업혁명이 오고 인공지능이 발전할수록 사람은 머리를 안 쓴다. 힘들고 복잡하고 어려운 일은 기계에 맡긴다. 그사이에 편안한 생활을 하다 안락사로 가는 지름길이 열리는 시대가 우리가 앞으로 살아갈 시대다.

　인간 머리의 용도가 점점 사라지고 있다. 힘들고 복잡하고 어려운 과제가 생기면 다들 머뭇거리지 않고 인공지능에게 해결 대안을 물어본다. 인공지능이 두꺼운 책의 내용을 요약해주고 입사 원서 인사말이나 주례사 또는 축사도 대신 써준다. 사람들은 친구가 세상을 떠났다는 안타까운 소식을 들어도 인공지능에게 애도사를 써 달라고 부탁한다. 바야흐로 인공지능이 인간지능을 대체하는 시대가 오고 있다. 미래에는 인간 머리의 용도가 세 가지밖에 안 남는다는 우스갯소리도 있다. 베개 벨 때, 모자 쓸 때, 머릿수 셀 때 말고는 인간의 머리가 불필요해지는 시대가 4차 산업혁명 시대이자 인공지능 시대라는 말이다. 어제와 다르게 힘든 상황에 의도적으로 맞닥뜨리며 자꾸 머리를 써야 용불용설用不用說에 의해서 지능이 발달하는데, 머리를 안 써도 되는 상황이 많아지면서 인간은 빠져나갈 수 없는 심각한 딜레마에 빠져들고 있다. 다시 말해 단순 반복적인 노동, 기존 지식을 재활용하는 일과 직업은 인공지능에 의해 대체되기 쉽다. 이를 피하기 위해서는 분야와 상관없이 이전과 다른 방식으로 머리를 써서 인공지능이 쉽게 모방하기 어려운 전문성을 축적할 필요가 있다.

실제로 4차 산업혁명 시대가 도래하고 인공지능 기술이 발전하면서 많은 직업이 사라질 것으로 예상된다. 세상에는 '원員'으로 끝나는 직업이 있고 '가家'로 끝나는 직업이 있다. 회사원會社員, 공무원公務員, 종업원從業員, 세관원稅關員, 임직원任職員, 미화원美化員, 경비원警備員, 특파원特派員, 상담원相談員, 판매원販賣員, 안내원案內員, 승무원乘務員, 은행원銀行員, 교환원交換員, 집배원集配員 등은 '원'으로 끝나는 직업이고, 평론가評論家, 소설가小說家, 문학가文學家, 사상가思想家, 연출가演出家, 비평가批評家, 작곡가作曲家, 예술가藝術家, 성악가聲樂家, 조각가彫刻家, 건축가建築家, 미식가美食家, 탐험가探險家, 수필가隨筆家, 저술가著述家, 전문가專門家, 역사가歷史家, 만화가漫畵家, 무용가舞踊家, 연설가演說家, 서도가書道家 등은 '가'로 끝나는 직업이다. 이제는 조금 바뀌어도 될 것 같다. 예를 들어 원으로 끝나는 회사'원'과 공무'원'이 가로 끝나는 회사'가'와 공무'가'가 되면 인공지능에 대체 당하지 않고 자기 일을 보다 오랫동안 즐기면서 할 수 있지 않을까?

인공지능이 빨리 대체할 수 있는 직업은 둘 중 어느쪽일까? 아마 '원'으로 끝나는 직업일 것이다. '가'로 끝나는 직업에 비해 '원'으로 끝나는 직업이 단순반복적인 노동의 빈도가 높고 창의적 지혜보다 기존 지식을 재활용할 가능성이 높기 때문이다. '원'으로 끝나는 직업은 남의 집으로 출근하는 경우가 많다. 즉 '원'으로 끝나는 직업을 가진 사람은 특정 조직이나 단체의 일원─員이 된 사람이다. 반면 '가'로 끝나는 직업은 일가─家를 이루어 자기 집이 있는 것과 같다. 남의 집으로 출근하지 않고 자기 집에서 일해도 되는 직업이다. 그런데 놀랍게도 이제는 '가'로 끝나는 직업 역시 인공지능이 대체하기 시작했다. 인공지능이 작곡을 한다는 이야기를 들어본 적이 있을 것이다. 인공지능이 그림을 그리고, 소설도 쓴다. 인간의 창의적인 영역까지 침범하는 것이다.

세상에는 다른 직업도 많다. 예를 들면 대사大使, 칙사勅使, 관찰사觀察使, 주사主事, 판사判事, 검사檢事, 형사刑事, 감사監事, 집사執事, 도지사道知事, 변호사辯護士, 석박사碩博士, 운전사運轉士, 노무사勞務士, 장학사 獎學士, 통역사通譯士, 세무사稅務士, 회계사會計士, 법무사法務士, 영양사營養士, 운전사運轉士, 흑기사黑騎士처럼 부릴 사使나 일 사事 또는 선비 사士로 끝나는 직업이 있다. 의사醫師나 수의사獸醫師, 약사藥師, 교사敎師, 강사講師, 목사牧師, 대사大師, 간호사看護師, 사진사寫眞師, 요리사料理師, 요리사料理師, 미용사美容師, 장의사葬儀師, 조경사造景師, 원예사園藝師, 마법사魔法師, 퇴마사退魔師처럼 스승 사師로 끝나는 직업도 있다. 마찬가지 맥락에서 인공지능이 쉽게 대체할 수 있다고 생각되는 직업은 스승 사師로 끝나는 직업보다 부릴 사使나 일 사事 또는 선비 사士로 끝나는 직업이다.

단순 지식만으로 하는 일은 인공지능으로 대체가 가능한 만큼 지식보다 지혜를 갖추어야 한다고 하는데, 놀랍게도 지혜를 사용하는 일마저 일부는 인공지능이 해내고 있다. 하지만 여기서 중요한 차이점이 있다. 인공지능은 창작을 할 수 있지만 자기가 창작한 작품의 예술적 가치를 판단하거나 평가하지는 못한다. 이제 직업을 바꾸어야 한다.

인공지능은 외부에서 정보를 받아야 비로소 일을 시작할 수 있다. 인공지능은 스스로 문제의식을 갖고 고뇌를 거듭하면서 창작하지는 않는다. 예를 들면 요리사처럼 어떻게 하면 지금까지 시도하지 않았던 색다른 방식으로 재료를 조합해서 창의적인 요리를 만들 수 있을까 고민하지 못한다. 앞으로는 이런 능력들이 진정한 경쟁력이 될 것이다. 더욱이 인공지능은 자신이 창작한 예술작품이나 요리가 과연 타깃 독자나 고객이 요구하는 욕망이나 입맛에 맞는지를 성찰적으로 고뇌하며 다음 대안을 고민하지 않는다. 정해진 매뉴얼대로 하느냐, 매뉴얼을 계속 리뉴얼해서 어제와 다른 방법으로 일을 하느냐의 차이일 것 같다. 그러니 너무 두려워할 필요는 없다. 없어지는 직업만큼 새롭게 부각되는 창의적인 직업도 많아질 수 있기 때문이다.

03

색달라지면
남달라진다

인간은 질문하고 기계는 대답한다

인공지능 시대에는 '인간은 질문하고 기계는 대답한다'라는 말이 있다. 이제 인공지능을 능가하고 인공지능을 쩔쩔매게 만드는 방법은 대답하기 어려운 질문을 던지는 것이다. 그래야 우리가 이제까지 가보지 않았던 새로운 관문이 열린다. 인간은 질문하기 위해서 존재하고, 기계는 대답하기 위해서 존재한다. 인간의 존재가치는 기계가 쉽게 대답할 수 없는 질문을 던지는 여부에 따라 달라질 수 있다.

학교에 다녀오면 엄마가 "오늘 선생님이 물어본 질문에 크게 대답 잘했어?" 하고 묻는다. 그런데 유대인

학부모들은 학교에 다녀온 아이에게 "오늘 선생님에게 어떤 질문을 하고 왔니?" 하고 묻는다. 역대 노벨상 수상자 965명 가운데 214명이 유대인이다. 20퍼센트가 넘는 엄청난 비율이다. 전 세계 주도권을 잡고 있는 기업의 CEO, 영화감독도 대부분 유대인이다. 이런 경쟁력의 원천이 바로 질문 중심의 교육이라고 할 수 있다. 정답을 찾는 능력은 인공지능이 인간지능을 능가하고 있다. 이제까지의 인재는 정답을 잘 찾아내는 모범생이었다. 우리가 길러내야 할 4차 산업혁명 시대의 인재는 질문을 던져서 아무도 가보지 않은 새로운 관문을 열어가는 모험생이다. 모험생이 앞으로 다가오는 시대를 바꿔나갈 수 있다고 생각한다. 우리 사회에는 어제와 다른 질문을 던져놓고 세상을 바라보는 자세, 태도, 패러다임을 바꿔나가는 인재들이 필요하다. 바야흐로 챗GPT의 시대다. 채팅을 하듯이 질문을 입력하는 것만으로 AI를 이용할 수 있는 대화형 인공지능 서비스 챗GPT를 익숙하게 사용하는 사람도 점차 늘고 있다. 챗GPT에게 질문을 던지면 순식간에 답을 찾아서 알려준다. 그런데 챗GPT에게는 치명적 약점이 있다. 자기가 겪어본 이야기를 해주는 게 아니라 수평적으로 펼쳐져 있는 무수한 데이터를 편집해서 정보로 보여준다는 점이다. 이건 자기 이야기가 아니고 남의 이야기다. 남의 이야기를 하는 사람의 말에 몰입하며 감동할 수 있을까?

자료와 정보에 시행착오를 겪으며 체득한 자신의 신념과 철학을 섞으면 지식이 된다. 그런데 이 지식까지도 인공지능이 따라잡고 있기 때문에 이제 지식을 능가하는 지혜를 갖춰야 한다. 대체 불가능한 킬러 콘텐츠는 지혜에서 나온다. 아리스토텔레스식으로 이야기하면 로고스, 파토스, 에토스에 비추어 생각해볼 수 있다. 로고스, 파토스, 에토스는 아리스토텔레스가 말한 설득의 3대 요소다. 로고스는 논리적 설명력이다. 설명을 잘하면 이해가 된다. 그런데 가슴에 와닿지는 않는다. 가슴에 와닿게 하려면 자신의 이야기를 해야 한다. 이게 파토스, 즉 감성적 설득력이다. 경험해보지 않은 사람은 설명을 로고스로 한다. 반면 직접 겪어본 이야기를 하는 사람은 설명을 최소화하고 설득에 집중한다. 비율로 따지면 로고스는 10퍼센트, 파토스는 30퍼센트다. 그러면 나머지 60퍼센트는 뭘까? 바로 에토스다. 보자마자 인간적 신뢰감이 드는 사람이 있다. 에토스는 이렇게 신체성에서 나오는 것이다. 신체성은 인공지능에게 결정적으로 부족한 능력이다. 몸을 던져 겪어보는 신체성이나 육체성이 삶의 구체성과 만나서 땀을 흘리며 체득하고 깨달은 이야기가 없기 때문에 인공지능은 사람을 '감탄'하게 만들 수는 있어도 '감동' 시킬 수는 없다. 감탄은 머리에서 나오지만 감동은 심장에서 나온다. 의미가 심장에 꽂히면 감동받고, 감동받은 사람은 행동한다.

색달라지면 남달라진다

신체성이나 육체성이 감동을 만들어내는 과정을 보완 설명하자면 챗GPT에는 시간성, 장소, 기억이 없다. 지난 1년을 돌이켜보자. 내 몸속에 강렬한 기억으로 남아 있는 것은 무엇일까? 특정한 공간에서 누군가와 함께 맛있게 먹었던 음식이 내 몸에 각인됐을 때, 즉 어떤 느낌이나 감정들이 내 신체성에 강하게 남았을 때, 그게 바로 시간성, 공간성이 있는 기억이 된다. 반면 밥을 먹기는 했는데 어디서 누구하고 먹었는지 생각나지 않는다면 이 기억에는 시간성도, 공간성도 없다. 그러니까 챗GPT는 그런 시간성과 공간성 없이 편집된 데이터다. 하지만 사람은 다르다. 어제저녁 학교 앞 고깃집에서 10년 만에 만난 친구와 삼겹살과 소주를 먹었다고 해보자. 친구와 같이 삼겹살과 소주를 먹었던 강렬한 기억이 내 신체의 기억으로 아직도 남아 있다. 그것을 언어로 써낼 때 감동적인 스토리텔링이 된다. 그것은 인공지능이 쉽게 따라잡을 수 없는 킬러 콘텐츠, 즉 대체 불가능한 콘텐츠다. 인간의 신체성은 특정 공간에서 나와 다른 인간이 시간을 보내는 동안 몸에 각인된 경험적 얼룩과 무늬다.

나는 대중을 상대로 강의할 때가 많다. 강의를 들은 분들이 강의 자료를 달라고 요구하면 다 드린다. 그 분들은 강의 자료를 확보했다는 심리적인 만족감만 얻을 뿐이다. 내 강의 자료를 가지고 있어도 나와 똑같이 강의할 수는 없기 때문이다. 내가 겪어본 삶의 이야기나 경험을, 나의 언어로 번역해서, 내 삶의 색깔과 나만의 스타일로 강의를 하기 때문에 나와 똑같이 강의할 수 있는 사람은 없다고 생각한다. 그러니까 유영만 교수를 대체할 수 있는 사람은 유영만밖에 없다. 유영만 교수의 강의는 유영만 교수가 지금까지 직접 몸으로 겪은 일들을 유영만의 언어로 가장 유영만답게 전달하는 콘텐츠의 향연이다. 다른 사람은 내 삶을 능가하는 글을 읽을 수도, 쓸 수도 없을 뿐만 아니라 강의도 할 수 없다. 이것은 우리가 사람이기 때문에 가능한 일이다. 인공지능은 본인이 겪어본 자기다운 스토리가 없기 때문에 자기다운 독특한 색깔로 자기만의 스타일을 창조할 수 없다. 인공지능이 생성한 내용은 100퍼센트 다른 사람이 만든 자료나 정보나 지식을 가장 빈번하게 등장하는 확률적 패턴에 따라 편집한 건조한 내용이다.

엉뚱한 이야기처럼 들릴지도 모르지만, AI 시대에 몰입 학습을 위해서는 몸을 투자해 땀을 흘리면서 겪은 스토리나 자기만의 서사narrative가 있어야 한다. 남의 성공 이야기나 인사이트에 중독되어 타인에게서 나온 정보의 바다에 휩쓸려 떠내려가는 사람이 과연 자기만의 스토리나 서사를 창조할 시간이 있을까? 뭔가에 몰입하는 듯하지만 자기 이야기를 만드는 데 몰입하지 않고 남의 이야기에 빠져 사는 사람이 많다.

색달라지면 저절로 남달라지는데 왜 우리는 저마다 색다른 원본으로 태어나 남다른 복사본으로 살다 죽을까? 다른 사람의 정보의 바다에 휩쓸려 떠내려가며 남다르게 살아가려다 결국 나만의 고유한 색깔이 무엇인지도 모르고 죽어간다. 나만의 스토리나 서사가 있어야 세파에 흔들려도 중심을 잃지 않은 채 삶의 주도권을 잡고 살아갈 수 있다.

나만의 색깔이 드러나는 이야기를 창조하는 시간

은 신나고 재미있다. 신나고 재미있는 일에는 시간 가는 줄 모르고 몰입하게 된다. 5분이 지났는데 다섯 시간처럼 느껴지는 것은 몰입이 안 된다는 증거다. 몰입이 안 되면 몸이 반응하지 않는다. 그런 일은 빨리 벗어나고 싶은 일이다. 다섯 시간이 지났는데도 불과 5분처럼 느껴지는 일, 이게 바로 몰입의 본질이라고 생각한다. 몰입은 나만의 색깔이 드러나는 일을 찾았을 때 가장 잘 일어난다. 남의 이야기는 나에게 하나의 자극일 뿐, 뇌리를 관통하고 심리를 움직이는 감동으로 다가오지 않는다.

인공지능의 질문은 우연히 '생산'되는 무작위적 산물

인공지능과 사람의 차이가 점차 줄어들고 있다. 인공지능은 알고리즘을 통해 질문도 수없이 생산해낸다. 하지만 반문하는 인공지능은 없다. 반문이란 자기가 던진 질문이 과연 상황에 맞는지 스스로 평가하고 판단하는 물음이다. 인공지능은 반문할 수 없다. 알고리즘과 패턴에 따라 확률적으로 생산만 한다. 자기 질문의 질적 속성, 타당성, 적절성을 판단하는 질문, 즉 반문은 사람만의 고유한 능력이다.

"언어는 질문을 하기 위해 창안되었다. 대답은 투덜대거나 제스처로 할 수 있지만 질문은 반드시 말로 해야 한다. 사람이 사람다운 것은 첫 질문을 던졌던 때부터였다. 사회적 정체는 답이 없어서가 아니라 질문을 할 충동이 없는 데에서 비롯된다."* 질문을 던져놓고 그 질문의 의미가 무엇인지, 질문을 통해 내가 찾아낼 수 있는 해답의 본질과 성격은 무엇인지를 생각할수록 사람은 사람다운 자기 정체성을 찾아간다.

요즘에는 생성형 AI도 나온다. 영어로는 'genera tive AI'라고 한다. 하지만 엄밀히 따지면 생성형 AI가 아니라 생산형 AI다. 생성과 생산은 엄청난 차이가 있다. 생성은 여태까지 없었던 새로운 것을 만들어내는 일이다. 제너레이터라고 하는 발전기는 전기를 만들어낸다. 그런데 그것은 상품을 만드는 일, 즉 기존에 있는 것들을 대량 양산하는 프로덕티브productive한 일이다.

기존에 없는 것을 만들어내는 제너러티브generative와는 다르다. 인공지능은 이미 있는 수많은 데이터를 편집 가공해서 대량 생산한다. 따라서 'generative AI'가 아니라 'productive AI'라고 해야 맞지 않을까?

---

* 에릭 호퍼, 「길 위의 철학자」, 방대수 옮김, 이다미디어, 2014, 159쪽.

04

역경을 뒤집으면
경력이 살아난다

지금 학교 교육은 성적을 올리기 위한 것이다. 적성은 찾으려고 하지 않는다. 앞으로는 성적을 뒤집어 적성을 살리는 교육이 필요하다. 성적은 책상에 올릴 수 있지만 적성은 내가 직접 시행착오를 겪어보는 가운데 몸이 알아차리는 능력이다. 나는 어떻게 성적보다 적성을 찾아서 대학교수가 됐는지 여기서 이야기해보려 한다.

'제3의 물결'이라는 개념을 만든 유명한 미래학자 앨빈 토플러, 1회당 1억 원이 넘는 강의를 하는 세계적인 모티베이터 브라이언 트레이시, 그리고 한국의 유영만 교수가 지니는 공통점은 무엇일까? 이 세 사람은 한때 용접을 했다. 나 혼자 용접을 했다고 말하면 아무도 알아주지 않을 것 같아서 독자들의 호기심을 자극하기 위해 인지도가 높은 다른 사람을 불러왔다. 이렇게 세 명을 붙여놓고 '세계적인 용접공 세 명'이라고 자기소개를 하면 사람들의 눈길을 끌어 주의를 집중시킬 수 있다.

나는 1981년 개포동에 있는 수도전기공업고등학교에 다니면서 용접을 배웠다. 졸업 후에는 경기도 평택시 화력발전소에 들어갔다. 일찍 시작한 직장 생활이었다. 발전소 특성상 24시간 전기를 만들어내야 하기 때문에 근무팀을 4개 조로 편성, 간호사 근무 방식과 유사한 교대근무 방식을 따랐다. 아침에 출근하고 오후에 퇴근하는 조, 오후에 출근해서 저녁 늦게 퇴근하는 조, 밤늦게 출근해서 새벽에 퇴근하는 조를 차례로 거쳐야 했다. 근무 형태가 일정하지 않아 때로는 생각보다 여유시간이 많이 생겼다. 시간이 날 때마다 자연스럽게 술과 친해지기 시작했다. 그러던 어느 날 우연히 서점에 들러 책을 읽게 되었다. 고시 합격생의 수기집이었다. 나와 같은 공고생이 악전고투 끝에 고시에 합격한 눈물겨운 스토리를 읽고 나서 나도 고시 공부를 통해 역경을 뒤집어 경력으로 만들어야겠다고 다짐했다. 인생 역전 스토리가 시작한 우연한 출발점이었다.

다들 비슷한 인생을 살고 있는 것처럼 보이지만, 살다 보면 여러 가지 일이 생긴다. 그 일을 어떻게 받아들이냐에 따라서 인생 향방을 새롭게 결정할 수 있다. 모든 풍경은 곤경이 낳은 산물이다. "인생은 가까이서 보면 비극이지만 멀리서 보면 희극이다"라는 찰리 채플린의 말도 있지 않던가. 나 역시 인생을 돌이켜보니 고난과 시련과 역경이 많았으나 그런 과거의 경험이 다양한 책을 쓸 수 있는 영감을 주었다. 이제는 철판을 용접하지 않지만, 그때의 경험을 살려서 직업을 하나 만들었다. 바로 '지식 용접공Knowledge Welder'이다. 익숙한 단어인 '지식knowledge'과 '용접공welder'을 용접해서 세계 최초로 창안한 직업이다.

내가 지식 용접공이 된 것은 우연히 읽은 고시 합격생 수기집 덕분이다. 사법고시와 행정고시를 패스한 공고생의 이야기는 '나 같은 사람도 고시 공부를 하면 인생을 한 방에 역전시킬 수 있겠다'라는 잘못된 꿈을 품게 했다. 이 책을 읽고 방송통신고등학교 라디오 방송을 들으면서 밤을 낮 삼아, 낮을 밤 삼아 독학으로 공부한 끝에 힘겹게 한양대학교에 입학하는 행운을 얻었다. 고시 공부를 하려면 당연히 법학과나 행정학과에 가야 하는 줄 알았는데, 나의 학력고사(지금은 수능) 점수는 그런 과에 들어가기에는 턱없이 부족했다. 운명의 장난인지, 1984년도에 한양대 교육공학과에 입학하게 되었다. 교육공학과는 신설 학과라서 그 당시에 정원 미달이었다. 지금 나는 그 정원 미달이었던 과의 교수가 되었다(이 책을 읽고 있는 학생들은 정원 미달인 과에 가고, 학부모들은 자녀를 정원 미달인 과에 보내시기를. 그러면 저처럼 유명한 사람이 될지도 모릅니다!).

나는 책을 읽고 오이에서 피클로 바뀌었다. 책을 읽기 전에는 오이였다가 책을 읽고 나서 피클이 되었다. 오이는 피클이 될 수 있지만 피클은 오이로 돌아갈 수 없다. 이처럼 되돌아갈 수 없는 위험한 변화가 비가역적 변화이고, 비가역적 변화를 일으키는 것이 바로 독서다. 돌이켜보면 나는 대학교수가 되려고 한양대에 간 것이 아니다. "때로는 잘못 탄 기차가 우리를 올바른 방향으로 데려다준다"는 파울로 코엘료의 명언처럼 나도 기차를 탔다. 고시행 기차였다. 고시 공부는 너무 재미가 없었다. 군대에 갔다가 복학하고 심각하게 진로를 고민해봤다. 과연 고시 공부의 끝에는 내가 원하는 행복의 목적지가 있을까. 결단 끝에 고시행 기차에서 내렸다. 공부하던 책을 달밤에 모두 쌓아놓고 불을 질러버렸다. 일명 분서갱유를 감행했다. 고시 공부를 하기로 결단을 내린 것이 인생의 터닝 포인트가 됐지만, 더욱 중요한 터닝 포인트는 고시 공부를 포기하기로 결단을 내린 것이었다. 그것이 오늘의 유영만을 만든 결정적인 계기다. 인생은 그래서 '끈기'보다 때로는 '끊기'가 더 결정적인 힘을 발휘할 때가 많다. 성공한 사람은 '끈기' 있는 사람이기도 하지만 결정적인 순간에 포기하고 '끊기'를 실천한 사람이다.[*]

고시 공부를 계속했으면 지금처럼 글을 쓰는 작가도 강의와 연구를 하는 대학교수도 되지 못했을 것이다. 고시에 합격했다면 어느 기관의 공무원이 되어서 주어진 일을 열심히 하며 평범한 삶에 안주했을 것 같다. 그 일이 나쁘다는 것은 아니다. 그런 일을 하며 산다면 지금처럼 행복하지는 않을 것 같다는 뜻이다.

돌이켜보면 그 고시 합격생의 책을 만나기 전까지 제대로 독서를 해본 적이 없다. 내 고향은 충북 음성이다. 중학교 시절까지는 수렵, 어로, 채취, 농경 생활을 했다. 나에게는 자연이 책이었다. 고등학교 2학년 때는 용접 실습의 무료함을 달래기 위해 소주를 많이 마셨다. 얼마나 많이 마셨는지 지금은 소주를 잘 마시지 못

---

[*]　유영만, 『끈기보다 끊기』, 문예춘추사, 2023.

한다. 발전소에 취업한 뒤에도 시간이 나면 유흥가에서 회색빛 청춘을 보내느라 책을 읽지 않았다. 그런데 어쩌다 만난 한 권의 책이 내 운명을 바꾼 것이다. 고시 공부를 포기한 뒤에도 책 읽는 재미에 빠져 살았다. 학부를 마치고 교육공학으로 석사와 박사를 이어가는 공부 여정이 내 삶의 길을 만들어나갔다.

계획된 일은 아니었다. 그저 직접 가면서 터득한 것이다. 그러니까 일단 기차가 오면 타야 한다. 잘못 탄 기차면 적당한 시점에서 내리면 된다. 잘못 탄 기차임에도 내리지 않고 끝까지 가면 생각지도 못한 불행한 일이 발생할 수 있다. 나 역시 고시행 기차가 내 삶의 행복을 보장해줄 것이라 믿고 공부를 시작했지만, 시간이 지날수록 그렇지 않을 수도 있다는 불길한 예감이 들어서 고시행 기차에서 과감하게 내렸다. 이후부터 인생이 바뀐 것이다.

고시 공부를 포기하기로 결단을 내린 순간부터 재미있는 책을 엄청나게 읽기 시작했으니 운명이 혁명적으로 바뀌는 계기를 마련한 셈이다. 스승님들 덕분에 유학까지 가서 읽고 싶은 책을 원 없이 읽으며 낮에는 일하고 밤에는 책을 읽는 주경야독晝耕夜讀이 아니라 낮에는 공부하고 밤에는 생활비를 버는 주독야경晝耕夜讀

생활을 했다. 치열하고 처절할 정도로 일하며 공부하는 유학 시절을 보낸 덕분에 생각보다 이른 시기에 박사학위를 받았다. 박사학위만 받으면 인생 고민이 끝날 줄 알았다. 하지만 그때부터 험난한 파도를 건너며 또 다른 인생 모험을 시작했다. 고민 끝에 한국행을 결심하고 삼성인력개발원에서 근무를 시작했다. 그곳에서 이전의 공부와는 전혀 다른 실천적 경험을 쌓았다. 책상머리 지식의 무력함을 몸소 깨닫는 소중한 계기이자 무대였다. 나는 현장 경험을 통해 석사碩士 학위의 '석碩' 자가 돌 '석石' 자이고, 박사博士 학위의 '박博' 자는 엷을 '박薄' 자가 될 수 있음을 통렬하게 깨달았다. 그때부터 몸으로 겪은 이야기를 하기 시작했다. 지금 이 책에 쓰고 있는 글도 몸으로 겪어본 경험적 깨달음의 산물이다.

남보다 잘하지 말고
전보다 잘해라

나 역시 성적 중심으로 공부하다가 우여곡절의 시행착오 끝에 적성을 찾았다. 어떻게 적성을 찾을 수 있었을까? 동물학교에 토끼, 참새, 오리가 입학을 했다고 가정해보자. 첫날 가르치는 교과목은 수영이다. 수영 시간에는 누가 가장 신날까? 오리가 가장 신날 것이다. 그렇다면 누가 가장 스트레스를 받을까? 토끼가 가장 스트레스를 받는다. 토끼 엄마는 토끼를 오리와 비교하기 시작한다. "옆집 오리는 저렇게 수영을 잘하는데, 너는 바보 아니니?" 그러고는 여름방학에 토끼를 팜으로 데리고 가서 특수 과외를 시켰다. 토끼는 수영 강습을 받다가 죽을 뻔했다. 누구 때문일까? 엄마 때문이다. 2학기가 되자 눈 오는 날 산등성에 올라가는 교과목이 새롭게 생겼다. 이제 토끼가 가장 신나고, 오리가 가장 스트레스를 받는다. 이번에는 오리 엄마가 오리를 토끼와 비교하며 야단을 친다. "옆집 토끼는 저렇게 날아다니는데, 너는 바보 아니니?" 오리 엄마는 겨울 방학에 오리를 데리고 알래스카로 가서 특수 과외를 시켰다. 거기서 오리는 빙벽 타기를 배우다가 물갈퀴가 찢어지고 관절염과 동상에 걸려서 죽을 뻔했다. 누구 때문일까? 또 엄마 때문이다. 학부모들은 이런 식으로 아이들이 적성을 찾을 기회를 없애버리고 있다.

나는 한 인터뷰에서 이렇게 말한 적이 있다. "당신은 학부모입니까? 부모입니까? 당신은 교육하는 부모입니까? 사육하는 학부모입니까? '학부모'가 '부모'가 되는 유일한 비결은 '학'을 떼는 것입니다." 자연에 있는 모든 생명체는 절대로 자신을 남과 비교하지 않는다. 남과 나를 비교하는 동물은 인간밖에 없다. 사람만이 태어나서 죽을 때까지 남과 나를 비교한다. 우리가 불행한 이유 또한 끊임없는 비교 때문이다. 다른 집 아이와 우리 집 아이를 비교하는 일은 없어야 한다. 오리는 수영만 하면 되지, 산등성이를 오르는 과목은 배우지 않아도 된다. 물에서만 살아도 평생 행복할 것이다. 토끼를 물로 끌고 갈 필요도 없다. 토끼는 수영할 필요가 없는 동물이다. 필요 없는 능력을 필요하다고 판단해서 가르치는 순간 그 아이는 비참해지기 시작한다. 어느 목욕탕 간판에 이런 말이 쓰여 있었다. "사람은 다 때가 있는 법이다." 누구나 꽃이 피는 때가 있다. 우리 아이는 봄에 꽃이 피고, 옆집 아이는 여름에, 건너편 집 아이는 겨울에 꽃이 핀다. 저마다 꽃 피는 시기가 다른데 모두 같은 때에 꽃을 피우게 만들지는 않았으면 좋겠다. 그러면 꽃이 미처 피기도 전에 시들어버릴지 모른다.

손가락들의 자랑

"더 나아지기 위해서 내가 롤모델로 삼아야 할 사람은 바로 어제의 나다." 매티 멀린스Matty Mullins라는 록 뮤지션의 말이다. 남보다 잘하려고 하지 말고 전보다 잘하자. 남과 비교하면 비참해질 뿐이다. 나를 성장하게 만드는 원동력은 비교가 아니라 비전이다. 오늘의 나를 어제의 나와 비교하며 비전을 품으면 꿈의 날개가 돋아나 비약적으로 비상할 수 있다.

손가락들이 자랑을 시작했다.

엄지: 내가 힘이 제일 세다는 거 알지?

검지: 나는 뭐든지 지시를 잘한다는 거 알지?

중지: 뭐니 뭐니 해도 내가 제일 키 큰 거 알지?

약지: 결혼반지는 나한테 끼운다는 거 알지?

그때 가만히 있던 새끼손가락이 말했다. "너희들, 내가 없으면 모자란 거 알지?" 손가락끼리 비교하면 가장 잘난 하나를 뽑아야 한다. 그런데 모든 손가락이 저마다 잘난 점을 가지고 있다. 우리 아이들이 다섯 손가락에 해당한다. 머리 잘 만지는 아이는 세계적인 헤어디자이너로 양성하면 되고, 풀을 잘 뽑는 아이는 농사꾼으로 키우면 된다. 모든 아이가 전 과목을 잘하는 공부 선수가 될 필요는 없다. 그렇게 공부해서 100명의 학생이 S대에 입학했다고 하자. 그들은 대학에서 학점 관리를 철저하게 하고 스펙도 잘 쌓아서 S기업에 취업한다. S기업에 100명이 취업하면 평균 1퍼센트, 그러니까 딱 한 명만 임원이 된다. 99명은 자의 반, 타의 반으로 퇴사해서 자기가 할 수 있는 일을 찾아야 한다. 우리나라에 치킨집과 피자집이 많은 까닭이다.

남의 뒤에 줄 서지 말고 줄에서 벗어나라

『누가 내 치즈를 옮겼을까?』는 출간 즉시 대중을 사로잡았다. 이 책이 베스트셀러에 등극하자 그 뒤를 따르는 책들이 우후죽순으로 쏟아지기 시작했다. 『누가 내 치즈를 잘랐을까』가 나오고, 『내 치즈는 내가 옮긴다』도 나왔다. 안타깝게도 이런 책들은 지금 서가에 꽂혀 있지 않고 창고에 갇혀서 폐기 처분을 기다리고 있는 경우가 많다. 아직도 『누가 내 치즈를 옮겼을까?』를 참고로 한 비슷한 책들이 출간되고 있다. 남을 따라잡으려고만 하면 결국 따라잡지 못하고 평생 불우하게 살아간다. 나만의 필살기는 남이 가르쳐주거나 남에게서 배우는 것이 아니다. 스스로 개발해야 한다. 다른 사람이 대체할 수 없는 자신만의 강점이자 재능이기 때문이다.

팝송 중에 「마이 웨이」라는 유명한 노래가 있다. 남의 눈치를 보지 않고 내가 원하는 길을 찾아가는 것이 '웨이Way'이고 남이 간 길을 쫓아가는 것은 '패스Path'다. 누군가가 걸었던 경로를 빠르게 쫓아가기만 하면 영원히 그 사람을 능가할 수 없다. 모두가 가는 길을 선택하면 치열한 자리싸움을 하게 된다. '마이 웨이'를 찾아가야 행복한 삶의 문이 열린다. No.1이 되려는 사람은 언제나 남과 경쟁하면서 남과 닮아간다. 'Only 1'이 되려는 사람은 자신을 어제의 나와 비교하며 대체 불가능한 고유함으로 승부수를 던진다.

창의성은 놀이 충동에서 비롯된다

재능을 어떻게 정의할 수 있을까? 내가 하면 재미있는 능력이 재능이다. 사람은 재능을 찾을 때 몰입한다. 그렇다면 재능은 어떻게 찾을 수 있을까? 방법은 딱 하나다. 바로 몸을 던져 직접 해보는 것이다. 재능은 책상에서 찾을 수 없다. 몸으로 경험해야 반응이 온다. 재능을 찾으면 사람은 창의적으로 변한다. 정신의학자 칼 융은 이런 말을 했다. "새로운 것의 창조는 지성이 아니라 놀이 충동에서 생겨난다." 그러니까 창의성의 친구는 놀이다. 재미있게 놀다 보면 '이것 참 재미있다. 나는 이것을 하면 평생 먹고살 수 있겠구나' 하고 생각하게 된다. 그런데 많은 아이가 재미있게 놀지 못하고 책상에 앉아서 지성만 강조하는 공부를 한다.

우리 아이가 '지덕체智德體' 중에서 어떤 것을 가장 많이 쌓고 있는지 생각해보자. 아이들은 지금 지智를 많이 쌓고 있다. 덕德은 거의 없어졌고, 체體는 망가졌다. 나는 지덕체를 거꾸로 뒤집어서 '체덕지體德智'를 강조한다. 몸을 먼저 강인하게 단련하고 뛰어다니며 놀다 보면 가슴으로 뭉클한 느낌이 오는데, 그것이 바로 인이고 덕이다. 덕이 머릿속으로 올라가서 정리되면 지혜가 탄생한다. '체덕지體德智'에 내 나름의 철학과 신념을 반영하여 만든 개념이 바로 '체인지體仁智'*다. 낯선 곳에서 '체험적 마주침體'을 경험해봐야 타자의 아픔을 가슴으로 사랑하는 공감 능력仁이 생기고, 다양한 분야의 경계를 넘나드는 책과의 '지적 마주침'을 겪으면서 비로소 탄생하는 것이 바로 지혜智惠다. 이렇게 탄생한 지혜만이 세상을 '체인지change'할 수 있고, 나를 변화시킬 수 있는 근본적인 동인이 된다.

내가 모시는 최고의 성현은 '공자'나 '맹자'보다 '웃자'와 '놀자'다. 그러니까 아이들에게는 '공부하자' 하기보다 '놀자, 웃자' 해야 한다. 이렇게 해야 놀이 충동에서 창의성이 생긴다. 아이들의 취미는 난동亂動을 일으키며 작란作亂을 치는 것이다. 작란作亂이 바로 장난을 치며 난동을 일으키는 놀이다. 그 속에서 르네상스적

* 유영만, 『체인지體仁智: 4차 산업혁명 시대를 주도하는 새로운 지혜』(개정판), 위너스북, 2018.

사고가 탄생한다. 우리 사회의 어른들은 아이들에게 "책상에 앉아. 가만히 있어. 조용히 해"라면서 장난치고 싶은 충동을 막아버리고 A4 용지 한 장 크기도 안 되는 자리에 앉혀 공부를 강권한다. 그러니까 몸은 망가지고 머리만 열이 난다. 너무 일찍부터 지성만 개발하면 지성인이 된다. 죄송한 말이지만, 지성인들은 조금 지루하다. 몸으로 겪어본 산전수전山戰水戰의 경험과 우여곡절迂餘曲折의 굴곡과 파란만장波瀾萬丈한 위기가 별로 없기 때문이다.

스티브 잡스가 말하길, 나이 든 사람은 "이게 뭐지?"라고 묻지만 아이들은 "이걸로 뭘 할 수 있지?"라고 묻는다고 한다. 한 연구에 따르면 14개월에서 다섯 살 사이의 아이는 한 시간에 65개의 질문을 던진다. "아빠, 하늘은 왜 파래?" "하늘이 파란 게 당연한 거지" "아빠, 비가 오면 왜 축축해져?" "비 오면 축축한 게 당연하지." 이런 대화를 하다가 40년이 지나 45세가 되면 질문이 10분의 1로 줄어든다. 그리고 늘어나는 단어가 몇 가지 있다. "원래 그래. 물론 그런 거야. 당연한 거지." 원래, 물론, 당연이라는 말이 늘어나면서 호기심의 물음표는 사라지고 인생의 마침표만 늘어갈 뿐이다. 동심이 없어지면서 당연함을 부정하는 일도 없어진다. 타성에 젖고 관성을 따른다. 아이 때는 세상의 모든 게 불가사의不可思議였다. 어른이 되면 세계 8대 불가사의만 남고 나머지는 다 원래, 물론, 당연의 세계로 전락한다. 돈 세상으로 뻗어가던 호기심이 틀에 박히면서 마침내 생각의 교도소에 갇힌다. 그렇게 생각 없이 살아간다.

창의 학습을 위한 4P

MIT 미디어랩에서는 창의 학습을 위한 4P 프로젝트를 만들었다. 재미있는 놀이Play를 열정적으로Passion 친구들과 함께Peers 함으로써 배우면Project 창의적인 아이가 된다. 우리 아이들은 4P 중 제대로 하는 것이 거의 없다. 신나게 놀지 못하고 친구들과도 경쟁해야 한다. 열정은 온데간데없으며, 몸에 스미는 배움 대신 틀에 박힌 학습, 과제task에만 열심이다. 물론 책상에 앉아서 열심히 공부하면 좋은 대학에 갈 수 있다. 진학進學은 책상에서 결정할 수 있지만 진로進路는 아니다. 재미있는 능력, 즉 재능을 찾아서 가면 인생의 활로가 열리는데 재능을 찾으려면 몸을 움직여야 한다. 진짜 몰입은 내 몸이 알아내는 과정에서 터지는 물아일체物我

一體의 희열이다. 진학은 정보로 찾아내는 것이고, 진로는 몸으로 겪으며 찾아내는 인생의 활로다.

꿈은 머리가 아닌 몸으로 꾸어야 한다. 꿈의 목적지까지는 머리로 가는 게 아니라 몸으로 간다. 그러니까 몸이 부실하면 꿈의 목적지까지 갈 수 없다. '지덕체智德體'든 '체인지體仁智'든 '체體', 즉 몸을 강조하는 이유가 거기에 있다. 나 역시 불량 청소년으로 회색빛 청춘을 보내다가 우연히 만난 한 권의 책 덕분에 운명이 바뀌었다. 머리로 대학교수를 꿈꾼 것이 아니라, 몸을 움직여서 재능과 적성을 찾아가다 보니까 내 삶을 행복의 목적지로 데려가는 진로를 뒤늦게 발견한 것이다.

스트레스와 삶의 지혜

농사를 지으면서 알게 된 것이 있다. 배터리 케이지와 같은 공장식 환경에서 사육된 닭들은 조류 인플루엔자에 걸리는데 베토벤 교향곡을 들으며 풀밭을 마음껏 돌아다니는 닭들은 병에 걸리지 않는다는 사실이다. 지금 우리 아이들은 A4 용지 한 장 크기도 안 되는 책상이라는 공간에서 사육당하고 있는 것이 아닐까. 두터운 보호막 안에서 온실 속의 화초로 사육당한 아이는 비닐하우스가 날아가는 것 같은 시련과 역경이 오면 얼어 죽거나 고꾸라진다. 배추도 하우스 배추보다는 야생에서 직접 재배한 노지 배추가 씹을수록 단맛이 올라온다. '스트레스받은'을 의미하는 영어 단어 'Stressed'를 뒤집으면 디저트Desserts가 된다. 어느 정도 스트레스를 받고 자라야 고된 노동 끝에 맞이하는 달콤한 휴식처럼 성취감을 느끼는 결과를 만들어낼 수 있다. 하우스 배추보다 노지 배추가 더 달콤한 까닭도 야생에서 비바람과 천둥 번개를 맞으며 스트레스를 받았기 때문이다. 우리 아이들은 스트레스를 받고 공부하는 게 아니라 하우스 배추처럼 길러지고 있다. 비닐하우스 날아가면 어떻게 될지 모른다.

내가 교수로 있는 대학교 신입생에게 수강 신청을 했느냐고 물었더니 아직 안 했다고 한다. 엄마와 상의가 끝나지 않았다는 이유였다. 대체 엄마가 언제까지, 어디까지 아이들을 돌봐야 하는 것일까. 아이는 어렸을 때 스트레스를 받아야 한다. 솔방울 씨앗이 비옥한 땅에 심겨 고생 없이 쑥쑥 자라다가 목수에게 잘리면 그것은 목재다. 재수 없이 바위틈에 떨어져서 온갖 고생을 하면서 자라다가 채집가에게 발견되어 백년해로하는 나무가 분재다. 그러니까 아이를 목재가 아니라 분재처럼, 화초가 아니라 잡초처럼, 하우스 배추가 아니라 노지 배추처럼, 사육하지 말고 방목해야 한다. 나의 교육 철학은 방목 학습이다. 아이는 야생에서 뛰어놀며 놀이를 통해 창의성을 키우는 활동을 많이 해야 야생성이 생긴다. 그래야 비바람과 천둥 번개를 맞고 스스로 시련과 역경을 극복할 수 있는 내성이 생긴다. 아이의 자생성은 야생성이 낳은 자식이다. 야생성이 있어야 지성의 한계를 극복할 수 있는 야성이 생긴다. 야생성이 자생성의 원동력이고, 자생성이 바로 자기 정체성을 만들어가는 동인이다. 꿈은 책상에서 머리로 꾸는 게 아니라 야생에서 몸으로 꾸는 것이다. 하면 재미있는 일이 무엇인지를 내 몸이 알아내기 시작하기 때문이다.

06

학부모가 부모가 되는 유일한 비결은?

학부모는 앞만 보라 하고 부모는 멀리 보라 한다. 학부모는 앞서 가라 하고 부모는 함께 가라 한다. 부모는 꿈꾸라고 하고 학부모는 꿈 깨라고 한다. 명문대에 보내는 것이 나쁘다는 이야기는 아니다. 하지만 학부모들은 주로 성적을 중심으로 명문대에 보내려고 한다. 어째서 모든 아이가 공부 선수가 되어 적성을 무시

표 **학부모와 부모의 차이**

	1	2	3	4	5	6
부모	멀리 보라	함께 가라	꿈을 꿔라	같이 가라	모험생	적성
학부모	앞만 보라	앞서 가라	꿈 깨라	혼자 가라	모범생	성적

한 채 학부모에게 자신의 진로를 일방적으로 '강요당해야' 할까. 아이들의 재능을 찾아서 재미있게 살아가며 능력을 발휘할 수 있는 길을 찾도록 도와주는 사람 중에 아이들과 가장 많은 시간을 보내는 사람이 바로 부모다.

논어에 보면 두 종류의 공부가 나온다. 노동으로 공부하는 것을 위인지학爲人之學이라고 하고, 놀이로 공부하는 것을 위기지학爲己之學이라고 한다. 나는 남에게 보여주기 위해 고시 공부를 했다. 만약 합격하면 고향에 '유영만 행정고시 합격'이라는 현수막 하나 걸어놓고 과시하려는 헛된 야망이 숨어 있었다. 이처럼 동기와 과정은 무시하고 결과 중심으로 공부하는 게 위인지학이다. 하지만 위인지학의 공부가 과연 공부하는 사람을 행복의 목적지로 데려다줄까. 내가 심각한 고민과 결단 끝에 고시 공부를 중도 포기하고, 위기지학으로 공부를 시작한 까닭이다. 위기지학은 내가 하면 재미있는 공부다. 남의 눈치를 보지 않고 그저 과정 자체에 빠져서 몰입하는 와중에 다양한 공부의 부산물이 발생한다. 노동으로 하는 위인지학은 몰입 학습법이 아니다. 놀이로 하는 위기지학이야말로 몰입이 되는 공부다. 몰입은 테크닉의 문제가 아니라 자기가 좋아하는 일을 찾으면 시키지 않아도, 세상의 시련과 역경을 견뎌내고라도 몸을 던져서 하게 되는 즐거운 참여다. 공부하는 과정 자체가 재미있고 즐거우면 결과는 부산물로 생각하게 된다. 나는 위인지학의 공부를 포기하고 위기지학의 공부로 방향 전환을 한 덕분에 지루한 방황 끝에 방향을 잡고 행복한 일을 할 기반을 마련했다.

인공지능 시대에 적성을 찾아서 재미있게 몰입하며 공부할 수 있는 방법을 내 경험에 비추어 이야기해 보았다. 처음부터 꿈을 꾼 다음 그 꿈을 좇다가 오늘의 내가 된 것이 아니다. 나에게는 꿈도 없었고, 심장 뛰는 일도 없었다. 하루를 살아내는 게 하루의 숙제였다. 하지만 책과의 우연한 만남이 운명을 바꾸는 계기가 되었다. 미래를 설계하고 계획하며 철저한 준비를 통해 실행해나가는 것도 한 가지 방법이다. 하지만 인생은 계획대로 풀리지 않는다. 계획된 대로 가는 길이 내가 꿈꾸는 길이 아닐 수도 있다. 책상에 앉아 있으면 행복한 활로가 열리는 진로를 절대로 알아낼 수 없다. 진로는 방황 끝에 찾은 방향의 산물이다. 지금 꾸고 있는 꿈이 헛된 꿈, 다른 사람의 꿈일 수도 있다. 꿈을 꾸기 전에 꿈을 깨야 하는 이유다. 오늘날 대학교수가 된 것도 장미꽃을 뿌려놓은 탄탄대로를 걸어온 결과 이루어진 것이 아니다. 곡선의 물음표를 품고 방황을 거듭하다 내 몸이 반응하는 재능과 적성을 찾는 순간, 직선의 느낌표를 품고 있는 방향을 잡게 된다. 곡선의 물음표 없이 직선이 느낌표를 만나기 어렵다. 방황하는 시행착오 없이 방향을 잡는 판단 착오를 줄이는 방법은 없다. 곡선적 방황의 시간이 직선적 방향을 결정한다. 길이만 보면 직선보다 곡선이 훨씬 길다. 그럼에도 아이들은 곡선의 물음표를 품고 방황하는 시간을 보내야 한다. 그 과정에서 위험을 무릅쓰고 자신의 원하는 길을 찾아낼 수 있는 자생력이 생긴다.

2007년도에 큰 교통사고를 당했다. 4월 11일 밤 12시 50분에 일어난 일이었다. 집에 가다가 중앙분리대를 들이받았는데, 갈비뼈만 다섯 개 이상 부러졌다. 흉부외과 의사가 내 갈비뼈를 열심히 살펴보고 돌아갔다. 팔뼈도 아프다고 했더니 그건 자신의 전공이 아니라고 했다. 팔뼈는 정형외과 의사가 봐야 한다는 것이다. 뒤에 와서 팔뼈를 살펴보는 정형외과 의사에게 목뼈도 아프다고 했는데, 알고 보니 목뼈는 신경외과 의사의 소관이었다. 의사 세 분이 각자 자기 전공에 해당하는 뼈를 최선을 다해서 보고 갔다. 나는 팔뼈와 갈비뼈 사이, 그리고 목뼈와 팔뼈 사이에 해당하는 뼈가 아파서 죽을 것 같았지만, 사이 뼈를 전공하는 의사는 병원에 없었다. '사이 전문가Homo Difference'를 만들면 어떨까 하는 생각이 들었다. 전문가는 넘친다. 이제 내가 전공하지 않은 분야의 전문가와 만나 내가 갖고 있지 않은 전문성을 내 전문성과 융합해서 제3의 지식을 끊임없이 창조하는 융합형 전문가가 필요하다. 인공지능 시대에 전문가상은 이와 같은 '사이 전문가'다.

나는 매일 운동하는 사람이었기에 다행히 몸이 빨리 회복돼서 두 달 만에 퇴원했다. 사고를 겪으며 몸으로 알게 된 것이 있다. '속도'가 빨라지면 세상을 다르게 볼 수 있는 '각도'는 좁아지고 삶의 '밀도'는 얇아진다는 깨달음이다. 우리가 행복하게 사는 방법은 삶의 속도를 줄이고 세상을 바라보는 각도를 넓히는 것이다. 또한 한층 밀도 있는 삶을 추구해야 한다. 매 순간 삶의 충만함과 충족감을 늘리는 것이 바로 밀도다. 삶이 왜 불행할까? 목표를 달성하기 위해 앞만 보고 달리기 때문이다. 목표를 달성해도 성취감을 느끼지 못하고 또 다른 목표가 나를 재촉한다. 이전보다 더 빨리 달려 목적지에 도달했지만 여전히 허망하다. 삶의 속도가 높아지고 각도가 좁아지면, 삶의 밀도는 한없이 얇아진다. 성과는 달성했지만 성장하지 못하고 성공은 했지만 성취감을 느끼지 못하니 성숙한 인간으로 변신을 거듭하기도 어려워진다. 도대체 우리는 왜 목표를 이전보다 더 빨리 달성하려 할까. 성과를 언제까지 계속 높여야 하는 것일까.

마주침이 깨우침을 낳는다

앞으로 우리는 어떻게 공부해야 할까? 괴테는 이렇게 말했다. "내가 자주 가는 곳, 내가 만나는 사람, 내가 읽는 책이 나를 말해준다." 그에 따르면 내가 누구인지 아는 방법은 그 세 가지를 물어보는 것이다. 첫 번째, 내가 자주 가는 곳은 어디인지 두 군데만 떠올려 보자. 대부분 아침마다 회사에 가고, 저녁에는 집에 갈 것이다. 회사에 갔다가 집에 가고, 집에 갔다가 회사에 간다. 그렇게 우리는 회사원이 된다. 지금 이 책을 읽고 있다면 내일 아침에 회사로 가지 말고 저녁에 집에도 가지 않은 채 지금껏 간 적이 없는 곳에 가보는 것은 어떨까. 이게 바로 경험적 마주침이다. 아이들도 어제와 다른 경험적 마주침을 해봐야 어제와 다른 깨우침이 생긴다. 두 번째, 내가 만나는 사람이 누구인가 생각해보자. 인간관계가 바뀌면 관계 속에 있는 인간이 바뀐다. 내가 이제까지 만나지 않았던 낯선 사람을 만나서 인간적 마주침을 경험하면 인간적 깨우침이 일어난다. 세 번째로 내가 읽고 있는 책을 돌아보자. 우리에게 필요한 것은 어제와 다른 책을 읽는 독서다. 전공서나 익숙한 책을 벗어나 다른 지적 자극을 받을 수 있는 독서를 즐겨야 경계 밖을 내다보는 안목과 식견이 생긴다. 경험적 마주침, 인간적 마주침, 지적 마주침을 경험하면 색다른 깨우침과 뉘우침이 생긴다. 나를 바꾸고 세상을 바꾸는 방법은 몸을 움직여서 나의 경험을 바꾸는 것, 그로부터 가슴으로 느끼는 감동을 경험하는 것이다.

07

모든 창작은 이전 작품의
창의적 표절이다

아웃사이트outsight라는 말이 있다. 인사이트insight
가 자신이 가지고 있는 내부 지식과 경험을 바탕으로
얻는 통찰이라면, 아웃사이트는 외부의 지식을 받아
들이고 이전과 다른 경험과 교류를 하면서 얻게 되는
통찰을 의미한다. 바깥에 나가서 보는 것outsight이 바
뀌어야 안에 들어가서 보는 것insight도 바뀐다. 따라서
밖으로 나가 낯선 장소에 가보고, 새로운 사람을 만나
고, 익숙하지 않은 분야의 책을 읽어야 한다. 아웃사이
트가 바뀌면 인사이트도 달라진다.

키케로가 당대의 웅변술 쇠퇴와 평범한 작가들의
난립을 비판하며 저서 『연설가에 대하여』에 남긴 한
구절을 현대적으로 의역하면 "세상이 타락했다. 잡것

들이 너 나 할 것 없이 책을 내려고 한다"라고 할 수 있다. 실제로 잡것들이 하나둘씩 세상에 등장한다. 허먼 멜빌은 항해와 상선 생활의 잡다한 경험을 가지고 세계적인 명작 『모비 딕』을 썼다. 보험사 직원이었던 프란츠 카프카는 낮에 노동으로 밥벌이를 했고 밤에는 지친 몸을 이끌고서 노동의 경험적 자극을 토대로 『성』을 썼다. 세관원으로 일했던 『주홍 글자』의 너새니얼 호손, 감옥에 간 아버지를 대신해 12세에 소년 가장이 된 『올리버 트위스트』의 찰스 디킨스도 있다. 한국의 유영만은 충북 음성에서 태어나 수렵, 어로, 채취, 농경 생활을 하다가 수도공고에 가서 회색빛 청춘을 보냈고, 평택과 송탄의 밤무대에서 놀았다. 그 후 고된 인생 경험을 토대로 『코나투스』*라는 100번째 책을 내기도 했다.

이들의 공통점은 저마다의 힘든 위치에서 고되게 일한 경험을 상상력으로 녹여내며 자기만의 언어로 벼리고 벼려서 독자들의 몰입을 이끌어내는 작가가 되었다는 것이다. 잡것들이 작가로 바뀌는 역전을 보여주는 좋은 사례다. 이런 잡것들이 아니고서야 누가 책을 쓸 수 있으랴. 역경을 경험해야 그 역경을 뒤집어 경

　　* 유영만(2024), 앞의 책.

력으로 만드는 과정에서 위대한 작품이 창작된다. 몸으로 겪어본 경험적 지혜를 가지고 스토리텔링을 해야 인공지능을 능가하는, 사람들에게 감동을 줄 수 있는 작품이 탄생한다. 잡다한 경험이 상상력의 원료가 된다. 자기 경험을 능가하는 글은 쓸 수 없다. 힘들었던 경험이 있기 때문에 독자들의 상상력을 자극하며 힘든 사람들에게 힘을 주는 글을 쓸 수 있는 것이다.

작가로서 독자에게 색다른 자극을 주는 새로운 경험을 위해 나 역시 다양한 시도를 한다. 사하라 사막에 가서 마라톤도 뛰어봤다. 사하라 사막 마라톤 대회에서는 6박 7일 동안 총 250킬로미터를 뛴다. 나는 120킬로미터 지점에서 탈진해 더 이상 달릴 수 없는 한계 상태에 직면했다. 잠시 고민하다 레이스를 포기했지만, 대신 아무도 들어본 적 없는 세계적인 명언을 남기고 왔다. "'절대로 포기하지 말라'는 말을 절대로 쓰지 마라." 지식과 지혜의 차이다. "절대로 포기하지 말라"는 명언은 관념적인 머리의 언어다. 경험해보지 않은 사람이 한 말이다. 나는 "절대로 포기하지 말라"는 말만 믿고 한계에 도전하다가 죽을 수도 있다는 사실을 몸으로 경험한 사람이다. 그러니까 "'절대로 포기하지 말라'는 말을 절대로 쓰지 마라"는 내가 만든 경험적 지혜의 산물이다. 직접 한계상황에 도전해서 몸으로 겪어본 깨달음의 산물이기 때문이다.

책을 열심히 쓰다 보니 주위에서 이런 질문을 던진다. "지금껏 쓴 책 중에 가장 좋은 책이 뭔가요?" 나는 항상 '다음에 나올 책'이라고 대답한다. 이제 21세기북스에서 다음 책이 나오고, 그다음에 또 그다음 책이 나온다. 가끔 정계에 진출하지 않겠느냐는 제안을 받기도 한다. 그럴 때는 "제 과거가 복잡하고 책이 다 표절이라서 청문회를 통과할 수가 없습니다. 저는 정치를 할 수가 없습니다"라고 답한다.

"독창성이란 들키지 않은 표절이다." 영국의 작가이자 케임브리지대학 교수인 윌리엄 랄프 잉게William Ralph Inge의 말이다. 표절이란 무조건 나쁜 짓이 아니라 이전과 다른 작품을 창작하기 위한 한 가지 좋은 대안이다. 여기서 말하는 표절은 남의 것을 똑같이 베끼는 일이 아니다. 모든 예술적 창작은 이전 작품의 표절이기 때문이다. 다만 그것을 자기의 방식으로 표절해야 한다. 피카소의 말에 따르면 "훌륭한 예술가는 모방copy하고, 위대한 예술가는 훔친다steal." 이 문장을 얼마든지 다양하게 표절할 수 있다. 석사는 가까운 데서 베끼고 박사는 멀리서 훔친다. 이류 작가는 티 나게 겉

모습만 베끼고, 일류 작가는 티 안 나게 원리를 훔친다. 이류 리더는 티 나게 겉모습만 베끼고, 일류 리더는 티 안 나게 원리를 훔친다. 베끼고copy 훔친다steal는 피카소의 문구만 그대로 두고 앞 문장을 계속 바꾸면 이전 문장과 비슷하지만 무언가 다른 문장이 계속 만들어진다. 창작의 원동력은 창의적 표절이다.

오늘부터 창의라는 개념을 바꿔야 한다. 창의의 사전적 정의는 "뭔가 새로운 것을 생각하는 능력"이다. 이 정의를 쓰레기통에 버리자. 새로운 것은 없다. 익숙한 것을 낯설게 엮으면 새로워 보일 뿐이다. 그러니까 인공지능을 능가하려면 익숙한 것을 전혀 다른 방식으로 엮어서 새롭게 만들면 된다. 인공지능 시대에 인공지능을 흉내 내서는 결코 인공지능을 따라갈 수 없다. 우리는 인공지능이 할 수 없는 일을 찾아야 한다. 결국 우리에게 필요한 것은 지혜다. 인공지능은 가능하지만 인공지성과 인공지혜는 불가능하기 때문이다. 그렇다면 지혜는 어떻게 개발할 수 있을까? 몸을 던져 경험하다 보면 재능을 발견하게 되고, 재능을 발견하면 적성도 찾을 수 있다. 그러면 자연스럽게 몰입이 되는데, 거기서 탄생하는 게 지혜다. 그런 지혜로 승부수를 던지면 인공지능은 인간을 쉽게 따라잡을 수 없다.

확신은 부패한다. 질문은 방부제다

신념은 통념이고 고장난 고정관념일 수 있다

폴란드의 시인 쉼보르스카는 노벨문학상 수락 연설문에서 시인에게 중요한 것은 "나는 모르겠어!"라고 무지를 인정하는 겸허한 자세라고 역설하였다. 무엇이든 배우는 자세로 질문을 던지며 확신하게 된 신념조차 통념일 수 있음을 받아들이는 노력이다. "나는 신념에 가득 찬 사람보다 의심에 가득 찬 자를 신뢰한다"라는 소설가 김훈의 말도 이와 일맥상통한다. 질문으로 공격받지 않은 신념은 어느 순간 통념으로 전락한다. 신념이 통념으로 전락하지 않으려면 끊임없이 던지는 질문으로 공격을 받아야 한다.

선풍기에는 날개가 있어야 한다는 신념을 깬 출발점에도 의문을 품은 질문이 있었다. "선풍기에는 꼭 날개가 있어야 할까?" 이런 질문이 새로운 혁신의 계기를 마련한 것이다. 이처럼 당연함을 부정하는 질문 덕분에 날개 없는 선풍기가 출현하게 되었다. "아빠, 왜 사진은 찍고 나서 기다려야 해?"라는 호기심 어린 아이의 질문 역시 당연한 가정을 깨버렸고, 그 질문에서 즉석카메라인 폴라로이드가 탄생했다. 침이 없는 스테이플러의 개발도 "스테이플러에는 꼭 침이 있어야 할까?"라는 질문으로부터 시작되었다. 당연함을 의심하는 수준을 넘어 의문을 품고 질문을 던지는 가운데 혁신이 일어난 셈이다. 질문은 확신으로 무장된 신념이 통념이나 고정관념으로 부패하는 과정을 방지하는 방부제일 뿐만 아니라, 우리가 당연하다고 믿는 신념에서 벗어날 수 있게 해주는 훌륭한 각성제다.

다른 사람의 인사이트는 나에게 인스턴트 자극이다

왜 마스터리mastery에 이르는 길은 언제나 미스터리mystery일까? 내가 품고 있는 근본적인 문제의식 중의 하나이다. 마스터리, 즉 경지에 이르는 길을 구체적인 과정이나 단계로 설명할 수 있다고 해도, 그것을 후속 세대가 그대로 따른다고 해도 선각자가 이른 경지에 도달할 수 있다고 보장하기 어렵다. 이런 문제의식은 뒤이은 질문을 부른다. 경지는 한번 이르면 변하지 않는 명사일까, 끊임없이 변하는 동사일까? 경지에 이른 사람의 노하우는 도대체 어떻게 만들어지는 것일까? 이를 쉽게 밝힐 수 없다는 점은 또 다른 질문을 계속 제기하게 만든다.

경지에 이른 사람의 비법은 왜 나에게는 편법으로 다가올까? 왜 경지에 이르는 맥락context은 언어적 표현 text으로 다 담아낼 수 없을까? 왜 그 사람을 경지에 이르게 한 모든 일상적 실천practices이나 차이를 반복하는 연습을 일정한 단계나 절차로 이루어진 프로세스 process로 처방할 수 없을까? 왜 처방된 프로세스대로 현장에서 실천practices이 일어나지 않을까? 왜 콘텍스트와 텍스트, 프랙티스와 프로세스 사이에는 언제나 좁히기 어려운 간극이 존재하는 걸까? 그런 간극을 메우려면 어떤 노력이 필요할까? 인간의 학습으로 이런 간극을 좁히는 방법은 없을까?

엄마가 가르쳐준 프로세스대로 김치를 담갔는데 왜 엄마가 담근 김치 맛과 내가 담근 김치 맛은 차이가 나는 것일까? 왜 그 맛의 차이는 언어로 표현하거나 매뉴얼로 만들 수 없을까? 왜 매뉴얼에 처방된 대로 매너가 나오지 않을까? 과거의 매뉴얼이 더 이상 통용되지 않는 예측 불허의 상황이 발생하면 또다시 매뉴얼을 제작해야 될까? 매뉴얼에 없는 현상이 나타나면 매뉴얼대로 하지 않고 기존 매뉴얼을 리뉴얼renewal해야 되는데 왜 사람들은 매너리즘에서 벗어나지 못하는 것일까?

왜 다른 사람의 인사이트insight는 나에게 인스턴트instant 자극으로 전락하는 것일까? 인사이트와 인스턴트 사이에 어떤 노력이 개입되면 다른 사람의 인사이트도 나의 인사이트로 바뀌게 될까? 그렇다면 아웃사이트outsight를 바꾸면 인사이트도 바뀌게 될까? 생각을 바꾸면 그만큼 행동도 바뀌는 게 맞는 말일까? 그와 반대로 행동을 바꿔야 생각이 바뀔 확률이 더 높지 않을까? 어제와 다른 마주침outsight이 바뀌어야 어제와 다른 깨우침insight이 생긴다는 게 더 맞는 주장이지 않을까?

경지는 설명할 수 없는 경이로운 지대다

이런 질문들을 던지다 보니 눈에 보이는 현상을 움직이게 만드는 보이지 않는 구조적 힘이 무엇인지 밝혀보고 싶다는 생각이 들었다. 나는 지금까지 100권의 책을 쓰거나 번역했다. 그래서인지 주위에 책 쓰기

노하우를 알려달라는 사람이 많다. 『책 쓰기는 애쓰기다』*라는 책에도 썼지만, 경지에 이른 사람의 노하우는 언어로 표현할 수 없고, 매뉴얼이나 처방전 또는 비법으로 정리하는 것 자체가 불가능하다. 이 사실을 어떤 방법으로 설득할 수 있을까? 그럼에도 불구하고 사람들이 복잡한 상황에서 위기를 탈출하거나 딜레마 상황에서 문제를 해결하는 간단한 처방전이나 매뉴얼을 지속적으로 찾는 이유는 무엇일까?

경지에 이르는 방법은 배우는 게 아니라 익히는 것이다. 다른 사람의 성공스토리나 비법, 성공 지도에는 나의 성장 지도가 없다. 아무리 훌륭한 성공스토리라고 할지라도 그 사람의 성공 지도에는 나름의 독특한 맥락context과 실천practices을 반복하면서 습득한 암묵적 지식tacit knowledge이 존재한다. 암묵적 지식이란 자신은 알고 있지만 상대에게 언어로 표현하거나 문서화해서 가르칠 수 없는 지식이다. 무수한 프랙티스를 통해 다양한 콘텍스트에서 몸으로 체득한 결과가 암묵적 지식이다. 예를 들면 김치를 담그는 엄마의 손맛이나 선일금고 고故 김용호 회장의 금고 여는 노하우가

* 유영만, 『책 쓰기는 애쓰기다』, 나무생각, 2020.

암묵적 지식에 해당한다. 김용호 회장은 전 세계의 다양한 금고로 무수한 실험과 연습을 반복하면서 금고가 열리는 원리를 유형별로 알아냈다. 머리로 배운 게 아니라 몸의 미묘한 감각적 차이로 체득한 결과 금고를 여는 암묵적 지식을 체화시킨 것이다.

장자의 포정 이야기에 나오는 매지어족每至於族도 암묵적 지식은 배우는 게 아니라 겪어보는 가운데 체득하는 것이라는 점을 알려준다. 포정의 칼날은 소를 수천 마리 잡았음에도 방금 숫돌에 간 것처럼 날카롭다. 뼈와 살이 붙어 있는 곳族에 매번每 이를至 때마다 그 고유한 결을 따라 각각 다른 방식으로 발라내기 때문이다. 소의 뼈마디에는 틈이 있어서 그 틈 사이로 칼을 넣는데, 포정은 이 일이 마치 빈 곳에 칼을 놀리는 것과 같다고 말한다. 그야말로 대단한 암묵적 노하우다. 하지만 그가 강조하는 사실은 소를 대할 때마다 어려움을 느끼고 두려워하며 경계해야 한다는 점이다. 무엇이든 잘 안다는 이유로 자만한 상태에서 틀에 박힌 관성을 반복하며 매뉴얼의 처방전을 따른다면 포정의 매지어족과 같은 경지에 이를 수 없다. 경지는 설명할 수 없는 방문이 자주 일어나는 위대한 지대다.

경지는 무한한 욕망과 끈질긴 능력이 만든 이중주 합작품

경지에 이르는 과정에서 체득하는 암묵적 지식은 '체험'이 아니라 '경험'을 통해서 습득한다. 체험은 단속적이고 계획적이지만 경험은 연속적이고 우발적이다. 포정의 매지어족은 계획적이고 단속적인 체험이 아니라 우발적이고 연속적인 경험을 반복하면서 오늘의 경험을 성찰하고 오늘보다 나은 내일의 경험을 이어갔기에 가능했던 것이다. 포정은 자기만의 경험을 통해 그 누구도 모방하기 어려운 내러티브를 축적해서 자연스럽게 체화한 경지에 이르렀다. 당연히 그 경지에 이르는 과정은 설명할 수 없는 지식이며 배움이 아니라 익힘으로 체득한 결과다.

포정은 일정한 스케줄에 따라 물리적인 시간을 보낸 사람이 아니라 칼을 들고 뼈와 살 사이를 헤쳐 다니는 모든 순간을 순간적으로 성찰하면서 칼과 손끝이 소의 뼈와 살에 닿는 미묘한 감각의 차이가 무엇을 의미하는지 끊임없이 생각하며 정리하는 주관적이고 심리적인 카이로스의 시간을 보낸다. 크로노스는 남의 정보에 휩쓸려 떠내려가면서 경험을 통해 자기만의 서사를 구축하지 못하고 단속적으로 체험을 반복하는 시간이다. 경지에 이르는 사람은 모두 카이로스의 시간을 통해 몸으로 축적한 경험을 자기만의 언어로 번역하며 자기만의 암묵적 지식을 체득한 사람이다. 이들은 다른 사람의 언어에 매몰되지 않는다. 관념적인 머리의 언어로 설명하지 않고, 문제의식과 신념과 열정이 담긴 몸의 언어로 벼리고 벼려서 자기만의 고유한 언어를 끊임없이 개발한다.

경지에 이르는 사람은 한시적이고 순간적인 욕구를 충족하는 삶보다 영원히 충족되지 않는 욕망으로 향하는 능력을 개발해낸다. 경지에 이르는 사람은 만족이 없다. 그들은 자신이 추구하는 수준에 도달하기 위해 어제보다 나은 오늘, 오늘보다 나은 내일을 지향하며 꿈틀거리는 욕망의 물줄기를 따라 부단히 나아가는 사람이다. 욕망은 지금보다 더 나은 수준으로 나의 존재 자체를 심화하고 확장시키려는 적극적인 에너지이자 창의적인 원동력이다. 욕망은 영원히 충족될 수 없다. 언제나 미완성의 길을 걸어갈 뿐이다. 오늘보다 더 아름답고 행복한 삶으로 나를 끌어올리기 위한 존재의 심원으로 이끌고 가는 근원적인 동인이 바로 욕망이다. 경지는 무한한 욕망과 끈질긴 능력이 만든 이중주 합작품이다.

249

경지도 궁지가 만든 역전의 작품이다

경지에 이른 사람은 궁지에 몰렸던 사람이다. 지금은 궁지를 갖고 자기 분야의 최고의 경지에 이른 사람도 한때는 궁지에 몰려 끊임없이 질문을 던지며 자기만의 방법을 개발했다. 다른 사람의 성공스토리나 비법에 휩쓸려 떠내려가지 않고 자기만의 언어로 경험을 벼리는 가운데 자기만의 일생 이론을 만들어나가는 것은 지루하고 고단한 과정이다. 하지만 그 과정의 아름다움이 결과의 아름다움을 보장하며, 명랑하고 행복한 길로 이어진다. 이것이 바로 코나투스를 근간으로 삶을 영위하는 방법이다. 스피노자의 『에티카』*가 코나투스라는 위대한 개념으로 내 삶의 지향점을 근원적으로 성찰하게 만든 책이라면 마이클 폴라니의 『개인적 지식』**은 코나투스대로 살아가며 경지에 이르는 과정에서 체득되는 암묵적 노하우의 정체를 밝혀준 책이다.

여기서 말하는 개인적 지식은 엄밀히 말하면 자신

---

* 베네딕투스 데 스피노자, 『에티카』, 강영계 옮김, 서광사, 2007.
** 마이클 폴라니, 『개인적 지식』, 표재명 외 옮김, 아카넷, 2001.

의 철학과 신념이 담긴 '인격적 지식'이다. 모든 지식에는 그 지식을 창조한 사람의 성품은 물론 치열한 문제의식과 열정과 신념과 철학이 고스란히 스며들어 있다. 주체의 헌신적 참여 없는 지식은 헌신짝에 불과하다. 따라서 객관적 지식이라는 말은 그 자체가 허상이고 관념이며 불가능한 꿈에 불과하다. 코나투스대로 살아가는 사람은 자연스럽게 마이클 폴라니가 말하는 인격적 지식을 소유하게 된다. 그들은 자신을 경지에 이르게 만든 원동력인 암묵적 지식의 실체나 정체를 알고 있지만 다른 사람에게 설명할 수 없다. 폴라니는 말로 설명할 수 있는 형식적 지식explicit knowledge과 대조되는 암묵적 지식을 부각시켰을 뿐만 아니라 초점식과 보조식을 연결시켜 암묵적 지식이 창조되는 과정을 적확하게 설명하고 있다.

전경은 배경 덕분에 드러난 풍경이다

명시적 지식과 암묵적 지식은 각각 초점식focal awareness과 보조식subsidiary awareness에 상응한다. 예를 들면 망치로 못을 박는 사람은 의식적으로 못대가리에 초점을 둔다. 못을 쥐고 있는 손을 망치로 내리치지는 않을까를 유심히 살펴보지 않으면 불의의 사고를 당할 수도 있다. 널빤지에 못을 똑바로 박기 위해서는 수많은 다른 동작들이 서로 협업해야 한다. 망치로 내리치는 힘을 적당하게 줘야 하고, 그 사이에 못을 잡고 있는 손은 못이 삐딱해지지 않도록 적당히 잡고 있어야 한다. 망치를 잡고 있는 오른손이 어느 정도 각도와 회전을 유지한 상태에서 못 상단 부분을 정확히 내리쳐야 못을 잡고 있는 손도 다치지 않을 뿐만 아니라 못이 널빤지에 똑바로 박힌다.

못을 널빤지에 박기 위한 모든 동작은 언어로 표현할 수 없지만 보이지 않는 가운데 못 박는 행동을 도와주는 보조식이다. 겉으로 드러나 있는 초점식은 명시적 지식이고, 보조식에서 탄생하는 지식은 암묵적 지식이라 한다. 암묵적 지식과 보조식의 도움을 받지 않는 명시적 지식과 초점식은 없다. 전문가의 초점식은 수많은 변수들이 동시에 관여하면서 하나의 성취물을 만들어내는 것으로, 완벽한 하모니의 결과다. 못을 박는 과정에서 심지어 호흡조절만 잘 못해도 망치는 정확한 초점을 잃고 전혀 다른 방향으로 향할 수도 있다. 보이지 않는 배경이 저마다의 위치에서 본분을 다할 때 전경으로 드러나는 게 초점식이다. 전경으로 드러난 초점식은 보이지 않는 배경에서 관여하는 무수한 보조식 덕분에 빛나 보일 뿐이다. 초점식의 아름다움은 보조식 덕분이라고 할 수 있다.

질환은 '치료curing'의 대상, 질병은 '보살핌caring'의 대상이다

초점식과 보조식은 질환disease과 질병illness의 차이에도 어울린다. 질환은 '치료curing'의 대상이자 초점식이며 명시적 지식으로 표현될 수 있다. 이에 반해 질병은 치유 또는 '보살핌caring'의 대상이자 보조식이며 암묵적 지식이다. "질병은 질환을 앓으면서 살아가는 경험이다. 질환 이야기가 몸을 측정한다면, 질병 이야기는 고장 나고 있는 몸 안에서 느끼는 공포와 절망을 말한다. 질병은 의학이 멈추는 지점에서, 내 몸에 일어나고 있는 일이 단순히 측정값들의 집합이 아님을 인식하는 지점에서 시작한다. 내 몸에 일어나는 일은 내 삶에도 일어난다. 내 삶에는 체온과 순환도 있지만 희망과 낙담, 기쁨과 슬픔도 있으며, 이런 것들은 측정될 수 없다. 질병 이야기에 그 몸 같은 것은 없으며 오직 내가 경험하는 내 몸만이 있다."*

체온은 명시적 지식이지만 체온으로 느끼는 낙담과 기쁨, 그리고 슬픔은 모두 감정 언어로 번역할 수 없는 암묵적 영역이다. 어떤 사람이 140에 90인 혈압 수치로 고혈압 진단을 받았다고 해보자. 고혈압은 질환인데 그것을 받아들이는 사람의 두려움이나 불편함, 불안감 같은 심리적 문제는 질병이다. 질환은 환자가 지금 당장 초점을 두는 초점식이라서 명시적 언어, 즉 수치로 표현이 가능한 데 반해 질병은 환자가 질환을 보고 느끼는 다양한 심리적 감정의 변주가 보조식으로 관여할 뿐이다. 혈압을 떨어뜨리기 위해 고혈압 약을 처방하는 의사의 진료는 치료에 해당하지만, 고혈압으로 겪는 심리적 불안감과 두려움을 보살펴주는 의사의 진료는 치유라고 할 수 있다. 겉으로 드러난 증상과 질환을 일으킨 원인에 대한 치료는 초점식이고 명시적 영역이다. 대부분의 의사가 진료 대상으로 삼는 부분이다. 하지만 환자가 진짜 원하는 것은 초점식으로 드러난 객관적 수치가 아니라, 그 수치가 환자에게 미치는 불안감과 알 수 없는 두려움을 해소하도록 도

* 아서 프랭크, 『아픈 몸을 살다』, 메이 옮김, 봄날의책, 2017, 28쪽.

와주고 그 질환을 받아들여 이겨내려는 적극적인 자
세를 북돋아주는 치유에 있다.

확신을 썩지 않게 만드는 방부제

경지에 이르는 사람은 자신감과 확신에 차 있지 않
다. 끊임없이 모른다고 가정한 채 더 낮은 자세로 질문
을 던져 배운다. 경지에 이르는 사람은 눈에 보이지 않
는 수많은 보조식의 협업으로 눈에 보이는 초점식을
탄생시키지만, 그것을 전문성의 전부라고 믿지 않는다.
오히려 배경에서 전경을 드러내는 보이지 않는 영역의
힘이 무엇인지를 끊임없이 물으며 어제보다 더 겸손하
게 배우려고 안간힘을 쓸 뿐이다. 모든 확신은 반드시
부패한다. 질문은 확신을 썩지 않게 만드는 방부제다.
나는 모른다는 자세, 내 생각도 틀릴 수 있다고 인정하
는 열린 마음에서 호기심의 질문이 발동되고, 그 질문
은 낯선 관문을 열어젖힌다.

이처럼 질문에는 호기심과 겸손이라는 전제가 깔
려 있다. 하지만 자기주장을 관철시키려는 의도가 전
제된 질문을 던지는 사람도 있다. 그런 질문은 상대방
의 주장에 의심의 눈초리를 보내며 제기하는 질책에

가깝다. 목소리만 들어봐도 그 사람의 자세와 태도를 엿볼 수 있다. 확신에 찬 목소리로 자기주장은 옳고 상대방의 주장을 틀렸다고 말하는 사람은 자기주장을 따르라는 충고나 조언과 다름없는 질문을 던진다. 그런 질문은 기존의 앎을 발전시키는 디딤돌이 되지 못한다. 오히려 새로운 앎을 잉태하는 과정에서 치명적인 걸림돌이나 방해물이 될 뿐이다. 상대방이 내놓은 주장의 난점難點에 의문을 품거나 그 한계점 혹은 문제점이라고 생각되는 사안에 대해 의견을 묻는 경우, 질문은 새로운 관문을 열어가는 가능성으로 작용한다. 하지만 질문을 통해 상대방의 주장을 비난하며 자기 입장을 강요한다면 소통의 문은 열리지 않고 불통의 벽이 높아질 것이다.

심리

권일용 저 │ 『내가 살인자의 마음을 읽는 이유』
권수영 저 │ 『관계에도 거리두기가 필요합니다』
한덕현 저 │ 『집중력의 배신』

경제

김영익 저 │ 『더 찬스 The Chance』
한문도 저 │ 『더 크래시 The Crash』
김두얼 저 │ 『살면서 한번은 경제학 공부』

과학

김범준 저 │『내가 누구인지 뉴턴에게 물었다』
김민형 저 │『역사를 품은 수학, 수학을 품은 역사』
장이권 저 │『인류 밖에서 찾은 완벽한 리더들』

인문/사회

김학철 저 │『허무감에 압도될 때, 지혜문학』
정재훈 저 │『0.6의 공포, 사라지는 한국』
권오성 저 │『당신의 안녕이 기준이 될 때』

고전/철학

이진우 저 │『개인주의를 권하다』
이욱연 저 │『시대를 견디는 힘, 루쉰 인문학』
이시한 저 │『아주 개인적인 군주론』